文化大理

漾濞

中国核桃之乡　漾江濞水名城

总策划　杨　宁
杨　健

主　编　张剑萍
彭　斌

执行主编　曹劲鹄
马　倩

本卷主编　王彩勋

云南出版集团
云南人民出版社

《文化大理》丛书编委会

文化大理·漾濞

本卷编委会

文化大理

漾濞

图书在版编目（CIP）数据

文化大理．漾濞 / 马倩，王彩勋主编．-- 昆明：云南人民出版社，2016.8
ISBN 978-7-222-14113-1

Ⅰ．①文… Ⅱ．①马… ②王… Ⅲ．①文化史－漾濞彝族自治县 Ⅳ．① K297.42

中国版本图书馆 CIP 数据核字 (2016) 第 134959 号

创意策划： 云南出版集团公司产业发展部
出 品 人： 刘大伟
责任编辑： 苏映华　李　爽　黄景宸
设计总监： 袁亚雄
装帧设计： 雲南非鳥文化傳播有限公司
责任校对： 文艺蓓
责任印制： 洪中丽

文化大理 · 漾濞

主编： 马　倩　王彩勋
出版： 云南出版集团　云南人民出版社　// **发行：** 云南人民出版社
社址： 昆明市环城西路 609 号　// **邮编：** 650034
网址： www.ynpph.com.cn　// **E-mail：** ynrms@sina.com

开本： 787mm×1092mm　1/16　// **印张：** 16.75　// **字数：** 110 千
版次： 2016 年 8 月第 1 版第 1 次印刷　// **印刷：** 云南国方印刷有限公司

书号： ISBN　978-7-222-14113-1　// **定价：** 59.00 元

如有图书质量与相关问题请与我社联系
审校部电话：0871-64164626　印制科电话：0871-64191534

云南人民出版社公众微信号

苍洱毓秀　文献名邦

（总序）

“苍洱毓秀，文献名邦。”辖十二县市、含十三个世居民族、约三万平方公里的大理白族自治州，不仅是白族人民赖以生存的福地，也是大理各族儿女共同的精神家园。它不仅是中国的，也是世界的。

如果说文化大理是一部内涵丰富、博大精深、蕴藏智慧的书，那么，这部书厚重、久远，写满了传奇、浪漫、和谐与包容，无论从哪个角度来看，它都熠熠生辉，散发着历史的醇香，彰显着文化的魅力，醉人心脾，令人惊叹，让人神往。

透过大理这部传奇之书，我们看到了从新石器时代一路走来的大理，以及5000多年积淀而成的文化精粹和人类文明。

感谢喜马拉雅那场遥远的造山运动，把大理的奇山秀水与青藏高原的余脉连为一体，一脉相承，形成了金沙江、澜沧江、怒江、红河与横断山、无量山、哀牢山等山河相间、气势磅礴的大山大河格局，在造就了“风花雪月”自然景观的同时，也孕育了以苍山、洱海为中心的文明，其中包括黑澓江流域和红河源流域的文明。还有大理阳苴咩城遗址、巍山双圈河大理国早期建筑遗址等，共同续写着洱海地区文明的华彩乐章。

“九隆创世”“鹤拓大理”的神话尚未远去，洱海银梭岛贝丘遗址的考古成果，已经确立了洱海流域作为云南最早的新石器时代遗址的历史地位。也是在那个遥远的时代，剑川海门口、宾川白羊村曾经创造了云南最早种植粟的农耕文明。还有漾濞苍山古岩画、云龙江河上的古桥梁，以及穿梭在苍山洱海之间的庙宇道观、城池村落、民风民俗、诗词歌赋、饮食服饰，等等，全都成为文化大理的载体，以苍山洱海为中心，辐射开去，供后人领悟，让世人景仰。

透过大理这部立体之书，我们看到了云南的起源，还有南方古丝绸之路和茶马古道的足迹，看到了高耸入云的三塔，感悟到了“文献名邦”的传奇。

追根溯源，正是大理这方厚土最早叫作“云南”。远在西汉时期，在今天祥云县的云南驿一带，就设置了云南县。从此，“汉德广，开不宾，度博南，越兰津……”随着经济的繁荣和商贸的兴起，横穿东西的南方古丝绸之路，在张骞出使西域之前，就正式成型，途经永平的博南古道就是其间最艰险的行程。随后形成的茶马古道，纵贯南北。两条古道作为古代的国际大通道，在大理交汇、交融，互通有无，为物资交流、文化传播提供了便利。千百年来，多少达官显贵、文人墨客、僧侣客商，或匆忙或悠闲的步履往来于此。一路上，不仅成就了鹤庆商帮、喜洲商帮等历代商贾的辉煌，同时，人才辈出，文化灿烂，创造和积淀了同样辉煌的历史文化。

在 20 世纪 40 年代，在南方古丝绸之路上修筑了滇缅公路，成为抗战最艰难时期物资运输的大动脉。

大理有许多的历史文化标识，一千多年来，屹立在苍山洱海之间的崇圣寺三塔，就是其中最显赫的历史存留。一大二小三座塔形成鼎足之势，布局统一，造型和谐，稳如泰山。大塔又叫千寻塔， 塔前朝东的照壁上，有明人沐世阶所题“永镇山川”石刻大字，每字高 1.7 米，字和塔相互映衬，浑然一体，昭示着大理作为边疆地区的稳固和安宁。其文化内涵和历史寓意，影响着大理乃至云南的过去、现在和未来。

大理文化的另一个标识是大理古城南城楼，以及高悬在上面的“文献名邦”牌匾，不远处的文献楼和五华楼，与它遥相对望。这块由清康熙年间云南提督偏图所书的匾，和那些古色古香的楼，是大理古城的灵魂，“亚洲文化十字路口的古都”，由此辐射开去，放射着耀眼的光芒。

伫立在太和金刚城下的德化碑，是大理历史文化的重要节点。这块碑，穿越唐朝天宝战争的硝烟而来，记述着南诏君王的伟业丰功，同时，表达了南诏关于天宝战争的苦衷，表明了归附唐室的心迹。

透过大理这部包容之书，我们看到了妙香佛国的祥和，看到了“云南福星”的慈祥，看到了“本主”信仰的力量，看到了儒释道等多宗教的和谐共荣。

南诏大理，一个和唐宋相始终的地方王朝，先人们从唐宋王室那里学到了文韬武略，把信仰当成生活的必修之课，筑寺修塔、凿龛造像、吟诗泼墨，引导了那个时代云南文化的时尚和潮流。

正是这种信仰的力量，创造了南诏大理国绚烂的文化。

剑川石宝山石窟的石刻，宾川鸡足山的“迦叶道场”，祥云水目山的佛身舍利，崇圣寺中帝王皈依的情节，起源于南诏国、鼎盛于大理国的佛教密宗教派，等等，创造了辉煌的雕塑、石窟、摩崖、石刻、绘画艺术。其中“阿吒力”观音造像为云南所独有，被西方学者誉之为“云南福星”，护佑着云南，光耀着大理。同时，也揭示着那个时代人们的价值取向和思想体系，展示了高超的艺术创作成就。

历史上，大理一直是儒释道并存、多宗教共荣的福地。除了佛教之外，原始宗教和以巍山巍宝山为代表的道观神殿遍布全州各地；以大理古城文庙为代表的儒家祠堂星罗棋布；清真寺和基督教、天主教教堂比比皆是；其他各种原始宗教色彩纷呈。中原文化和民族文化在这里交汇共荣，东西方文化在这里相融相生。

大约是南诏国时代，大理逐渐兴起了本主崇拜。也就是从那时起，本主文化便开始在苍山洱海间世代相传。在大理两千多个白族村落中，供奉着一千多位本主，村民将其视为自己的保护神。那些本主，不仅有当地传说中的各路神灵，还有生活在身边、触手可及的传奇人物，甚至还有被人们赋予使命的某种物品。而那些作为本主的传奇之人，他们并非单独一个人，而是有夫妻、兄弟、姐妹、亲戚、朋友等亲密关系，是一群食人间烟火的神。这种人、神、物合一的宗教信仰，形成了色彩斑斓的神灵世界，正是白族先民的大智慧，使大理具有极大的开放性和包容性，其艺术价值和现实意义，已经超越了信仰本身。

自古崇尚生态文明的大理，还是“多元文化与自然和谐共荣的乐土”。这里有各种飞禽走兽长居于此，苍山洱海间有来自西伯利亚的红嘴鸥到此越冬，巍山隆庆关的“鸟道雄关”，南涧凤凰山、洱源鸟吊山的“百鸟朝凤”，剑川剑湖、鹤庆草海的水鸟欢腾，等等，无不成为自然的奇观。

透过大理这部民俗之书，我们看到了多彩的民俗，小吃可口，节日众多，风情浪漫。

有以“赛马、唱歌、做买卖”为主题的三月街，有“东方情人节”之誉的绕三灵和剑川石宝山歌会，有狂欢的火把节，有栽秧节、蝴蝶会、耍海节、祭祖节，这些节日，隔三岔五，总会在不知不觉中走进人们的生活里。另外大理饵块、酸辣鱼、喜洲粑粑、白族生皮、洱源乳扇、巍山㸆肉饵丝、永平黄焖鸡、宾川海稍鱼、弥渡卷蹄、南涧锅巴油粉、云龙诺邓火腿等组成的大理特色小吃风景线，极大地丰富着地方的饮食文化，成为文化大理不可缺少的部分，吸引着南来北往的人们。

还有以白族服饰为代表的民族服饰，色彩斑斓，美观大方，展示着一方水土一方人的生活态度；那些以青瓦白墙为主旋律、以“三坊一照壁”“四合五天井”为布局的白族民居，则体现了大理各族儿女的生活智慧；“家家流水、户户养花”，真实地写照了大理人民对生活的热爱和对美的追求；奇妙的大理石天然画，饱含着天地精华和人文情怀，以及各具特色的民族风情，全都是文化大理的重要载体。

透过大理这部艺术之书，我们看到了数不胜数的诗人、作家、学者、艺术家、教育家和科学家，看到了目不暇接的文化产品和精神财富。《南诏奉圣乐》恢宏大气，《张胜温画卷》精美绝伦，《南涧跳菜》粗犷豪放，《小河淌水》荡气回肠，《五朵金花》遐迩闻名，《天龙八部》引人入胜。张叔、盛览的故事已成佳话；郑回、杨奇鲲、杨黼、杨升庵、杨士云、李元阳、杨南金、艾自修、徐霞客、担当、师范、王菘、赵藩、周钟岳、赵式铭、董泽、张子斋、黄洛峰、马曜、张文勋、晓雪、杨丽萍等等文化名人，伴随文化风景一路走来。张伯简、王复生、王德三、施滉、周保中等革命先驱点燃了我们的红色记忆；张耀曾、杨杰续写了民国人物的传奇；“两弹”元勋王希季、“试管婴儿之母”张丽珠等，为新中国的科技事业书写了不朽篇章。挂一漏万的大理历代杰出儿女，他们都是大理或大理文化的代表。

“苍山不墨千秋画，洱海无弦万古琴。”这是玉洱银苍风景的真实写照，也是文化大理的名片，在其中，珍藏着我们共同的乡愁。

“苍洱毓秀，文献名邦。”就这样被赋予了历史的责任和特殊的意义。

大理文化，源远流长，多姿多彩；文化大理，灿若星河，独具魅力。这部丛书，将以世界的眼光、历史的角度、辩证的思维、散文的笔调、新颖的姿态，挖掘大理文化的内涵与成果，展示文化大理的风采与自信，使文化大州的精神与魅力在实现中华民族伟大复兴中国梦的征程中，放射出耀眼的光彩。

中国核桃之乡　漾江濞水名城

漾濞，最早为古西南丝绸之路上的一个重要驿站。“自汉永昌设郡，驿道先通，开化不后邻邑。”从四川成都地区出发的古西南丝绸之路，在云南境内经昆明、姚州（今楚雄）、大理、永昌（今保山）等地，通往境外的缅甸、印度等国。古道大理往西，因途经著名的永平博南山，故又被称为博南古道，在漾濞境内共有七十余公里长的古驿道和十余处古驿站遗址。古城漾濞，自古为古道东向大理、西往永昌的必经之重镇，至今史逾千载，为云南省历史文化名城。城下漾濞江上始建于唐代的云龙古桥，是世界上最早见载于文字的铁索吊桥，为漾濞标志性的历史文化景观。20 世纪 30 年代末，抗战生命线滇缅公路一路沿古道穿过漾濞，当时人口尚不足三万的漾濞县，在国家民族生死存亡的紧要关头，写下了老弱妇孺胼手胝足齐筑路、两万民众挥汗洒泪共赴国的壮丽篇章。至今，在漾濞境内，仍较完好地保留着部分老滇缅公路及老桥原貌。

回望漾濞县地数千年历史，自汉王朝在云南置郡县起，漾濞曾先后为益州、永昌、云南各郡所属。唐初六诏（分别为蒙舍、蒙越、越析、浪穹、样备、越澹）称雄时为样备诏地。宋朝时为大理国属地。元朝分属永昌府及蒙化府，及至明清。1912年，经当地各族民众力请，承李根源、蔡锷多方斡旋，以样备、打牛坪、箭杆场三巡检司故地及云龙、洱源部分插花地设置漾濞县。新中国成立后，漾濞与大理县（市）两度归分，1961年复置县。1985年6月11日，经国务院批准撤销“漾濞县”，设立“漾濞彝族自治县”。

史学界认为，漾濞二字，最先分别为两条河水的名字，即“漾水”和“濞水”，也就是今天的漾濞江和顺濞河。此二水为何名为“漾”和“濞”？有推论认为是因江河水文地貌特征而命名。“漾”和“濞”皆为形声字，“漾”为水波荡漾之意，“濞”，东汉许慎编著的《说文解字》将其解释为“水暴至声”。“濞”字的使用范围比较窄，历史上多用于人名，现今则只与“漾”字组成一个专属地理名词，《现代汉语词典》关于“濞”字的释义为：“漾濞，地名，在云南。”

在各种典籍中，较早记述“漾濞”二字的为唐代贞元十七年（801年）杜佑撰的《通典》，其卷第一百九十中记载：“吐蕃有可跋海，去赤岭百里，方圆七十里，东南流入蛮，与蛮西洱河合流而东，号为漾鼻。”这里“漾鼻”就是指的漾濞江，只是将“濞”写为同音不同字的“鼻”。唐元和二年（807年），刘肃所纂的《大唐新语》卷十一中又对“漾濞”二字做了记述：“时吐蕃以铁索跨漾水、濞水，以通西洱河，蛮筑城以镇之。”这里的漾水、濞水，方国瑜先生在《中国西南历史地理考释》中明确指出：“所谓濞水者，或即指胜备江（即今顺濞河，民国时期称其为胜备江）。而漾水即濞水也。”

从唐贞元《通典》所记，至今历1200余年。从汉代古西南丝绸之路行经漾濞，至今已两百多年。而事实上，漾濞这片土地的文明历史，远比唐代《通典》的文字记载及汉代的丝路历史要久远得多。这片漾濞江亘古流淌的土地，远在新石器时代，就已经有彝族等少数民族的先民在此繁衍生息。形成于三千多年前的漾濞苍山古崖画，是目前为止发现的云南境内图案最多、面积最大的一组古崖画，画面生动地记录了这片土地上的先民们狩猎、放牧、采摘、舞蹈等生活场面，被专家学者誉为“苍洱文明之源”。在崖画形成的这一时期，当地的社会形态仍属于原始部落时期，生产力非常低下，部落的人们仍处于穴居和半穴居状态，生存主要是靠采集、渔猎、游牧维持。在这个历史时期，崖画所在的点苍山西坡石门关一带，是一片最适宜原始人类生活的乐土。这里地处一个比较大的岩体断裂地带，断崖裂谷众多，天然的岩房洞穴随处可见。海拔在两千米左右，气候湿润温和，森林茂密，野菜野果遍地，飞禽走兽极多。还有旁边的山沟溪箐，常年流水不断，而不远的山脚下就是漾濞江，江中鱼虾等水生物异常丰富。生活在这里的部落人群，坡上可以采集野菜，树上可以摘食野果，林中可以猎捕鸟兽，水中可以捞摸鱼虾。由此，这里留下了这个时期丰富的人类活动的遗迹。

1980年，在漾濞县平坡镇高发村出土的一段核桃古木，经过中科院考古研究所进行专业测定，测定其生长年代为3500多年前。这段当时被洪水冲出的核桃古木，印证了核桃在漾濞的生长年代。苍山崖画上面众多稚拙的图案中最清晰、最具代表性的那幅采果图，被认为其所反映的正是当时人们收获野生核桃果的欢乐场景。

唐代《南诏通纪》《酉阳杂俎》等记载，唐宋以来，南诏大理地区的核桃就已经成为大宗商品和贡品。清代安徽人檀萃在《滇海虞衡志》中说："核桃以漾濞江为上，壳薄可掐而破之。"果大、壳薄、仁白、味香，富含多种健康营养成分的漾濞核桃，是核桃中之翘楚、干果中之珍品，入编《中华之最》荣誉大典。漾濞，又被誉为"中国核桃之乡"。今天，10万人口的漾濞，共拥有核桃过百万亩、千万株，人均拥有核桃近百株，人均核桃收入过万元。数千年核桃栽培历史的深深浸透，在漾濞这片土地上滋养出独有的、绵远深厚的核桃文化。各族群众在生活中，以核桃思源，以核桃会友；以核桃兴农，以核桃促商。独特的核桃文化与这片土地的地域文化和民族文化深深融合，形成了一种兼具地域特色以及开放风格的独有的文化气场。《漾濞彝族自治县漾濞核桃产业发展条例》规定，每年的白露节合为漾濞一年一度的核桃文化节，当此之时，县境之内，各族儿女载歌载舞、喜庆丰收。在漾濞平坡镇高发村，有一株古核桃树王，至今已有一千多年的历史，老树依然枝繁叶茂，年年硕果满枝。在漾濞光明古核桃村以及在漾濞全境，树龄两三百年的核桃古树数不胜数。光明村万亩核桃生态园，入选"中国最美果园景观"，春夏之时，光明的漫山核桃，恰若一大朵泊在苍山高处的绿色云朵，为此，隐在核桃林中的光明，又被人们誉为"云上的村庄"。

而在广阔的漾濞县境之内，更有苍山西坡百里杜鹃风光，"一夜春风花如雪"的秀岭梨园，万古天开的石门雄关，神奇幽秀的百丈崖桥一线天等众多优美的自然和人文景观。生活着以彝族为主体的17个民族的漾濞，民族文化多元，民族风情浓郁。彝族打歌热情奔放，大刀舞源远流长，彝族刺绣绚丽多姿，特色饮食独具一格。

千年古道千年城，文明于斯久远。百里漾江百里画，核桃此间最骄。在这片光阴久远的大地上，古道与江河滋养出的文明长久流传，在不断轮回的季节里，绵延如歌。

目录 CONTENTS

第一章

漾江濞水千年城

一条古道，万里风尘。一江碧水，千古如斯。江岸上最初的小小驿埠，在漫长的岁月里，缓缓绵延成一座长满雨水和炊烟的古城。数千年来，沿着蜿蜒曲折的漾濞江，沿着江岸上那条弯弯的古街，古老商队的马帮走过去了，风雨兼程的战马走过去了，茶叶和布匹走过去了，战袍和古歌走过去了，留下一条不息的江河，在这里不变地流淌；留下一座千年的古城，将光阴细细地洇开。而这片大地最初的模样，被记载在那面三千多年前的漾濞苍山古崖画上，在那上面，人们放牧、狩猎、采摘、舞蹈，江河里鱼群游弋，草坡上鹿麂嘶鸣。这片山高水长的大地，是我们最初的美好家园。

苍山崖画：遇见最初的家园

那应该是一个快乐的青年吧，他看着这采收的美好场面，看着流水、远山，看着山坡上的牛羊和高天上的云彩，忽然有了一种想要把这一切描画下来的念头。后来的人们考证说，他画画用的是一种矿物颜料。他用那样一种原始的色彩，在一面宽大的石壁上，一一描画下了眼前的一切。那年秋天的丰收以及欢乐，被那面石壁记载着，随时间，穿越了三千多年的风雨。

一

那是3500多年前一个丰硕的秋天，在苍山西坡的广阔大地，漫山遍野自然生长的野核桃树上，又一年的核桃果成熟了。

从夏天走来的雨水渐渐收住脚步。云淡天高。这一天，平日各自劳作的人们聚集到核桃树下，开始采打树上的核桃果。男人们上树，采的采，打的打；女人们在树下，一边捡拾着纷纷落下的果子，一边欢快地哼唱着这片大地上最初的歌谣。

孩子们在一旁砸吃核桃果，品尝着新鲜核桃果的清香滋味，吃够了，就在一块嬉戏、玩耍。老人们怡然地看着这收获的美好图景，感恩着岁月和大地的馈赠。牛羊们在不远处吃草、跑跳，快乐地感受着秋天明媚的阳光。

山坡上古老的野核桃树能证明，像这样的一年一度收获的图

景，在这片大地上已经上演了很多年，时间久到连老人们也回忆不清。而在未来，这样收获的欢乐还要一年一年地在这片大地上演绎下去。因为有了这一年一度的收获，日月变得欢快而丰盈。因为有了这漫山的核桃林，这里，成为人们愿意世代安居的最初的家园。

那应该是一个快乐的青年吧，他看着这采收的美好场面，看着流水、远山，看着山坡上的牛羊和高天上的云彩，忽然有了一种想要把这一切描画下来的念头。后来的人们考证说，他画画用的是一种矿物颜料。他用那样一种原始的色彩，在一面宽大的石壁上，一一描画下了眼前的一切。最后，再调皮地用自己的左手蘸满颜料，在石壁上按下了一个厚实的手掌印。那年秋天的丰收以及欢乐，被那面石壁记载着，随时间，穿越了三千多年的风雨。

苍山崖画巨石

苍山崖画中的采果图

那年画画的青年，以及那些老老少少的彝人的祖先们，他们早已在时间中远逝。在他们的身后，数千年来，核桃的绿荫一片又一片地在这片大地上葳蕤生长，收获的图景一年又一年在这片大地上生动展开。秋天的核桃树下，欢声一片。

二

1994年10月——又是一个秋天，漾濞县苍山西镇金牛村一个名叫罗光明的乡村医生给县里的文化部门报告，在离县城10公里的石门关外的山坡上有一处画在一面巨大石壁上的崖画。这一发现后来一直报到了省上。经云南省文物部门鉴定，这面崖画被命名为“漾濞苍山崖画”。1998年，苍山崖画被列为省级重点文物保护单位。

据考证，苍山崖画形成于距今三千多年前的新石器时代晚期。在这一时期，当地的社会形态仍属于原始部落群体时期，生产力非常低下，部落的人们仍处于穴居和半穴居状态，生存主要是靠采集、渔猎、游牧维持。在这个历史时期，崖画所在的点苍山西坡石门关一带，是一片最适宜原始人类生活的乐土。这里地处一个比较大的岩体断裂地带，断崖裂谷众多，天然的岩房洞穴随处可见。海拔在两千米左右，气候湿润温和，森林茂密，野菜野果遍地，飞禽走兽极多。还有旁边的山沟溪箐，常年流水不断，而不远的山脚下就是漾濞江，江中鱼虾等水生物异常丰富。生活在这里的部落人群，坡上可以采集野菜，树上可以摘食野果，林中可以猎捕鸟兽，水中可以捞摸鱼虾。由此，这里留下了这个时期丰富的人类活动的遗迹。

确切地说，乡村医生罗光明，其实不是发现崖画的第一人，1994年的10月，也不是他第一次“发现”这面崖画，他只是将崖画的存在向文化部门报告的第一人。这面画有众多赭红色图案的巨石，因其顶部的石檐向外悬空伸出，远远望去宛若一个戴着草帽的人，故而在附近的村民中有着一个可爱的称谓：“草帽人”，又因此石顶部石面宽绰，而被村里的人们称为“仙人下棋处”，并流传着一个村中牧童曾在此观仙人下棋，待看完一盘棋，发

现自己已然成为皓首老叟的传说。“草帽人”，或是“仙人下棋处”，在当地都是由来已久的称呼。巨石就在石门关外不远处，下面就是金牛等众多村庄。巨石所在的地方，是附近村庄的人们经常放牧、割草、打柴的地方。当学者们在深入探查与研究崖画的时候，在这一地区发现的众多岩洞、石屋中，看到许多石室的内壁都被烟火熏黑。这些熏黑的石壁，除了有可能是先人留下的遗迹，自然还有平日放牧、打柴的人们在这里避雨、烧火的原因。

不难推断，在这片地域内的各个村庄里，绝大多数的人都知道“草帽人”这面石壁的存在。既知道这面石壁，自然，大多数人也应该见过石壁上的那些赭红色稚拙的图画。大多数村民都对这面石壁上的图案见惯不怪，独独乡村医生罗光明把这面崖画的存在报告给了文化部门，成为“发现”崖画的第一人，这当中的缘由不用说，是因为他比普通村民有更高的文化意识。换句话说，若没有一定的文化知识，他应该也当不了乡村医生。

“仙人下棋处”

苍山崖画自被发现以来，各地史学和文化学者们对它的研究一直在继续。在不断深入的研究中，对应苍山洱海地区的相关考古发掘和文化研究，苍山崖画，被学者们誉为“苍洱文明之源”。

三

那面画有崖画的巨石高 8.2 米，上部宽 8.7 米，下部宽 18 米，崖画就画在岩石正面的岩壁上。除右边上半部分被岩缝中溢出的腐蚀性岩浆覆盖以外，现存的崖画约有七平方米，分布在高 4 米、宽 5.5 米的范围里。画面图案多为赭红色，人物手形和个别人形为黄色。

画面共分为三层。第一层在岩壁右上方，最高处画的首先是牛，在暗淡的铁锈色中，几头牛的图像依稀可见，其中一头较清晰，两角较长，向内呈倒“八”字形弯曲，头昂视前方。画面的第二、第三层部分图案重叠。第三层画面大多集中于岩壁左半部，其中，上部画有一形似牛的大型动物，用粗绳拴养在栅栏内。

按当时的社会生产形态，崖画上面的牛，应该还不是作为耕作之用，而是作为可供肉食的大型动物被饲养着。在这幅崖画上，出现的其他动物图案还有猪、鸡、鸭、狗、羊等等，在所有这些动物中，牛无疑是体量最大的。当部落里宰杀一头牛时，部落里面的每个人就能分到比宰杀一头猪或是一只羊更多的肉食。从饱腹这个最初的起点出发，体量最大的牛，在人们的心目中从物质逐渐上升到精神的礼敬，被人们赋予了最多的关于饱足以及安宁的美好念想。

我们或许可以这样推想：在那个人们还依靠采集、放牧、渔猎为主要生存来源的自然和原始的时代，一头牛，用一根粗绳拴养在简单的栅栏内，那个拥有牛的主人，他的心里应该是安宁的，他对生活的期望是有坚实凭依的。在后来，随着社会生产力的进步和农耕文明的发展，牛的作用从直接的食肉饱腹，逐渐转化为耕犁的重要生产工具，这一转化，使得牛与人的关系在长期的农业生产中变得更为紧密，牛，成为农业社会人们在生产生活中不可或缺的主体。在漾濞民间，苗族群众有专门的“牛王会”，每年农历十月初一的早晨，苗家人要特备精饲料一盆喂牛，用糯米饭、苞谷面揉成粑粑，包于牛角上，表示对辛苦了一年的牛的慰劳。

除了各种饲养的动物，在崖画上也出现了鱼的图案。

在崖画近旁的石门关内，是从苍山流下来的石门溪。山下不远处，就是从西北方向滔滔而来的漾濞江。除此之外，更有这一片地域内众多的溪河泽塘。生活在这些水域中的种类繁多的鱼虾及各种水生物，也成为部落中人们食物的重要来源。

大人们放牧、狩猎、饲养、捕捞。炊烟袅袅升起，玩累了的孩子们向着家的方向使劲吸着鼻子，闻见那炊烟里远远飘来的肉香。

四

在汉字中，家是一个会意字，“宀”下面一个“豕”：房子下面有一只猪。房子下面有了猪——有了各种饲养的家畜，家的概念便由此而饱满了起来。

在崖画第三层的中部，画有一座六柱支撑的干栏式房屋，周围用椭圆形相围，又画一弧线分隔，内画一动物。图上所示，应该便是那个时期人们的家的普遍形象了：简易的房屋，栅篱围成的院落，院落的一角再隔开一小圈，里面饲养着家畜。按崖画上所画出的图案，那时候人们所饲养的家畜已有牛、羊、猪、鸡、鸭、狗等。房屋的出现，以及饲养的发展，使原本不断游牧迁徙的部落人群，逐渐进入定居的状态。在此基础上，以血缘为根基的家的概念逐渐凸显出来。由于当时落后的生产力所限制，人们在采集、渔猎等生产劳作中，仍然需要大量的合作，才能获得食物、确保生存。而在生产劳作之余，人们的生活，更多地进入了“家”的范畴和模式。

画面上六柱支撑的干栏式房屋，向后来的人们展现了那个时期人们所建盖的房屋的样式。无疑，那些简易的房屋，在自然力和风雨的作用

在苍山悬崖间有众多石窑和岩洞

下，其使用寿命极其有限，同时，其功能亦极为有限。为了更好地满足人们对已然形成的“家”的概念的美好追求，人们需要不断地修缮以及重新建盖这样的房屋，由此，这片土地上最初的部落村庄逐渐形成。从群居到家居，随着人们生活形态的发展和进步，在部落内部和人们之间，逐渐形成了新的生产和生活秩序。自然，人们的思想意识亦开始有了新的发展变化。

在探查和研究苍山崖画的过程中，专家学者们在这一地区还发现了众多的以岩洞、崖穴为主的石室、石屋。这些石室、石屋多为两三块巨石组合而成，小者可容三五人，大者可容四五十人。石室内普遍都有厚厚的灰烬堆积层和被烟熏火燎得黑乎乎的四壁，以及一些碎陶片、动物骨骼等。按照人类社会最初从穴居逐渐发展到屋居的发展进程，这些石室、石屋，应为画面上的干栏式房屋出现之前部落人们的居住之所。在长期生产生活的发展中，部落的人们从这些石室、石屋里走出来，逐渐走向屋居，建成村落，饲养家畜，在这片水清林茂、鱼跃鸟翔的清美大地上，建成了那个画者所展现在画面上的鸡鸣狗吠、黄发垂髫、怡然自乐的最初的家园。

五

在整面崖画上，出现数量最多的是人物图案。在画面的第二层，有十余个可辨识的人物图像，此外还有掌印。掌印厚实，为成年男子的左手印，系用手掌蘸满黄色颜料拍按而成。人物用 5 笔画成，头与身一竖画得较粗，手和脚呈八字形分开，与身体连在一起，笔画稍细，形体勾画简洁，无衣饰、五官。在画面的下部，又有一组人物，计 21 个，分 6 排，前面 1 人，形体高大，是其他人物的四倍左右，有尾饰，双手呈八字形，每边各提一只形似鸡鸭之类的动物，旁有一手印，其余 20 人分 5 排，排列整齐，头排 7 人，第二排 6 人，第三排 2 人，第四排 3 人，最后一排 2 人，大小不等，手挽手作舞蹈状。

查看人类社会的发展史，不难发现，当人们聚合在一起，群起而舞，一般可以有两种解释：一是为庆贺，表达欢乐而尽情歌舞；二是为某种仪典，表达庄严致敬。画面上如此规模人群的挽手作舞，自然有可能是为庆贺，比如，庆贺某个秋天的一次盛大的、丰收的采集；又比如，庆贺一次出猎或捞捕的丰盛收获；又或者是庆贺一个孩子的诞生，等等。然而，从画面上所画人物的井然秩序看，却更多地带着某种仪典的庄严气息。21 人中，首先一人在前领衔，有尾饰，双手呈八字形，手中左右各提一只形似鸡鸭的动物——这样的画面，极易让人联想到彝族毕摩祭祀的场景。画面

❶ 发现苍山崖画、岩洞

❷ 侧看崖画巨石

上，后面20人分成5排，每排的人数各异，这当中，每排所站的人数，刻意为之的可能性大大高于随意组合的可能，极有可能是出于此次仪典的特定需要。

在漾濞民间，尤其是彝族群众当中，迄今一直保留着在各种重要的庆贺和祭祀的仪典上打歌的传统。庆祝婚礼时打歌，祝贺新人恩爱百年、白头偕老。庆祝老人寿辰时打歌，祝福老人长命百年、福如流水。有老人去世了，也要打歌，表达对逝者的哀思和追念。在每年的春节期间至农历三月，县内各地至今保留着许多传统的打歌会。除此之外，在民间的各种喜庆以及仪典场合，人们都要举行打歌。事实上，在更多的时候，庆祝和仪典往往融为一体，在许多场合，人们挽手作舞，既是欢乐的庆祝，亦是庄严的仪典，比如每年秋天核桃节上祭祀核桃神的仪典，便是如此。

在崖画所形成的新石器时代晚期，社会生产力还非常落后，人们掌握自然、运用自然的能力还非常微弱。在这样的前提下，人们对自然高度敬畏，并逐渐形成了直观的自然崇拜。画面上所描述的那次以鸡、鸭以及人数众多的歌舞为敬的庄严仪典，或许是为了庆贺某年因大自然风调雨顺的恩赐而带来的美好收获。亦有可能，是人们在部落首领的带领下，坚强战胜了某次来路不明的瘟疫。当疾病远离，部落里重新获得了安宁与祥和，人们便以这样庄严的方式，感谢上苍的眷顾，庆祝部落的新生，祈愿阳光和美好在这片大地上永驻。

六

事实一再证明，世界历史和文明的发展，常常在相距遥远，看似毫无关联的地方，出现惊人的相似乃至重合。

在探查和研究苍山崖画的过程中，研究者们在崖画周围近两公里半径地区范围内，先后发现了多处神秘的石刻，所刻图案以同心圆为主，另有若干人物、动物以及似乎是文字的图形。尤其是以一处被当地人们称为“仙人脚印”的石刻为代表的同心圆石刻，在国内实属罕见。查阅有关资料获知，其造型与法国岩刻图片极为相似。资料介绍，这是一种新发现的史前艺术——巨石建筑上的图形。它们大致分布在北欧、西欧、北非、印度等地，在日本也有发现。这些图或为同心圆，或形似螺纹，还有斧形纹、菱形纹以及一些难以识辨的怪诞的形象。西方一些学者认为，这些圆点或圆圈所组成的图案，可能是用来记载死者的名号，或者是代表什么魔法的寓意，有的还可能是出于“女阴”崇拜。其所处时期大约在距今四五千年之间。

这里又回到了上文里的话题：在远古的社会生产力还很低下的原始部落时期，人们对苍茫宇宙，对自然界，乃至对人类自身的生命过程，都有着太多的未知。在这样庞大的未知面前，催生出了人们对于宇宙、对于自然、对于生命的高度敬畏。苍山崖画附近的这些神秘石刻，其所要表达的，应该就是人们对天地自然、对生命缘起和熄灭的敬畏以及祈祷。

众所周知，起始于1300多年前的南诏古国，是西南地区第一个由彝族建立的国家政权。南诏国共历13代王，立国两百多年。据研究，在南诏时期，已有明确的关于女阴崇拜的文字记载，并有相应的祭拜场所。现今剑川石宝山的“阿姎白”石刻，是大理地区女性生殖崇拜以及祭祀的典型代表。剑川县境内的主体居民为白族，而专家学者的研究早已表明，大理地区的彝族和白族本为同根同源，同是大理苍山洱海地区哀牢夷先民的后裔。

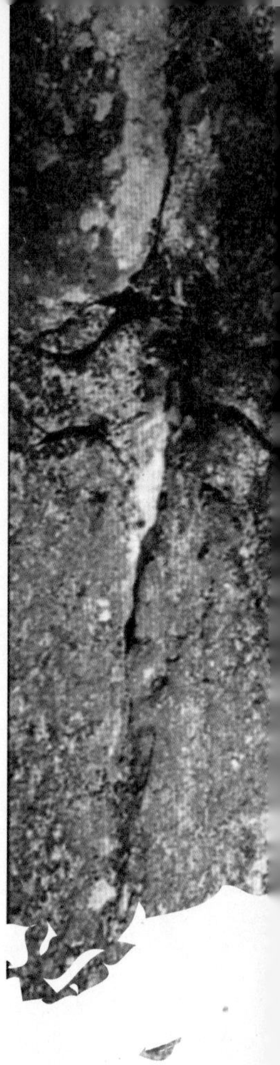

苍山石刻

在南诏时期，剑川县境是南诏广阔版图的组成部分。

在距苍山崖画下方约两百米处，有一块被称为“多面石”的龟立形巨石，从正面和两侧不同的角度观察，可显现出五种形象：正看像长发披肩的耶稣像；左侧看似披着袈裟的高额僧人；右侧看，随着角度的稍稍变化，一是宛若一个瘪嘴老妪的形态，二是极似身穿盔甲的古代武士的相貌，三则仿佛是古埃及金字塔前的狮身人面像。即便是专事考古以及历史文化研究的学者，也完全无以揣度此巨石的形成和来历，却不得不深深惊叹这世界上的自然和文明在遥远时空中的惊人重合。

——就这一点来说，时至今日，人类依然如三千多年前的部落先民一般，面对着巨大的未知和疑惑。在这巨大的未知面前，人们唯有始终保持着内心那份纯洁的敬畏。

七

在崖画第一层牛群图的下面，画有三组图案。一组在上方，画面上一棵大树挂满果实，若干人在摘果、拾果；紧邻一组是形体矮小的人与若干大小不同的动物，有的似狗、似猪、似牛，形态各异，或跑，或蹲，或似吃草。最下方一组画一不规则的圆圈，内有若干人，或立，或行，或攀登，或劳作，旁又画一不规则圆圈，内亦有形态各异的数人，或躺，或跑，或走。

在三组图案中，那棵挂满果实的大树最为突出，画面上摘果、拾果的表意最为准确。因图案清晰，表意明朗，这幅采果图成为整幅崖画中的一个突出代表。而关于画面上这棵挂满果实的大树，经研究普遍推断为野核桃树。推断的根据是：1980 年，在漾濞平坡镇高发村出土的一段核桃古木，经过中科院考古研究所进行专业测定，测定其生长年代为 3500 多年前。这段当时被洪水冲出的核桃古木，进一步印证了核桃在漾濞的生长年代。不难推想，离核桃古木出土之地高发村不远，同为漾濞江沿岸的石门关一带，当时同样也会有许多野生的核桃树生长。根据长久以来人们在社会劳动中的分工，以及崖画中的男性手掌印，不难推断，男性在生产劳作中承担着更多的责任，那些在树上采果的人物图，应多为男性，而在树下拾果的人物则以女性居多。

至 1300 多年前的唐宋时期，《南诏通纪》《酉阳杂俎》等书籍中对漾濞核桃已有明确的记载。漾濞核桃因其壳薄味美，成为大宗商品和贡品。清代《游滇记》说："太和（大理、漾濞一带）核桃，皮薄如纸。"《滇海虞衡志》有载："核桃以漾濞江为上，壳薄可搯而破之。"据这些典籍记载推断，漾濞人工栽培嫁接核桃的历史应逾千年。

漾濞平坡镇高发村罗家村民小组有一株核桃树，主干粗壮，离地 1 米后分为合抱粗的五杈，幅冠占地近一亩，树龄四百多年。该树盛果期年产核桃果近四万个，"可榨油一驮半"（约 125 公斤），

堪称核桃树王。该村民小组还有一株泡核桃古树，树干早已空心，其内可藏十余个小孩，树型别致，主干斜插在地，上半部分为两大杈，树身长满苔藓，树龄也在四百年以上，至今仍年年开花结果。太平乡构皮村白瓦房村民小组的一株核桃古树，幅冠 1.1 亩，盛果期年产核桃 420 公斤，约四万个。

而在整个漾濞境内，核桃古树最集中的要数离崖画所在的石门关往上约六七公里的光明村。在光明村，古核桃树包围着整个村庄，整个村庄就在核桃林下。与新栽培的核桃林不同，满目古核桃树的光明村，常常让人有一种安宁、悠远

核桃古树

❶ 光明村的古核桃林

❷ 捡核桃

的世外之感。在这里，最古老的核桃树已经有近六百年的历史，一两百年的核桃树则随处可见。

又是一个9月仲秋清凉的上午。

我和两位同事带着几位外地来的朋友走在光明村的核桃林下。这时节，村庄的人们正在忙着抖打核桃，村中刚下过雨的水泥小路上，到处落满抖落的核桃叶以及遗落的核桃果。当我们路过两株高高的核桃树下时，看见两个村中男子正爬在核桃树的高处，用手中的竹竿抖打着核桃，随着他们手中竹竿的准确抖打，核桃果噼噼啪啪落了一地。

——丰收的画面，一如3000年前那幅崖画上的采果图。

古驿道上的漾濞

云龙桥，连通漾濞江两岸的，至今还是那些旧时的粗铁链子。在桥头，一块几年前新修的石碑，写着云龙桥的历史。关于云龙桥，当地人知道它经历了五百多年的时间，知道这座桥的两边连着许多从前马锅头歇脚住宿的地方，他们也知道这些被马锅头叫作“铺”的地方，连着一条古老的商道，这条古商道叫博南古道。

一

清晨，阳光越过点苍山顶部，照在漾濞已有五百多年历史的云龙桥上。这是中国留存下的最古老的铁链子吊桥。

阳光渐渐暖和起来，住在桥头亭子间旁的张大妈像每天一样来桥头上烤太阳。这是 1999 年的 11 月，这个时候，漾濞的冬季还未真正开始。八点半前后，西边山上来的马帮大多都已经穿过链子桥，进县城交易。桥上落下很多马屎，看起来今天过桥的马帮还不少。当我来到云龙桥时，正遇上张大妈拿着扫帚在扫马粪。

云龙桥修于明弘治年间（1488—1505 年），长 39.7 米、宽 3.2 米的桥面，由木板铺成。桥面由环环相扣的巨大铸铁链子锁住，连接两岸。桥两端修有亭子间，供往来的人避

古云龙桥

雨、歇脚。

对于外来者，漾濞江上古老的吊桥纯然是一种风景，对于住在吊桥亭子间附近的张大妈，吊桥却是她晚年生活的一部分。在吊桥上晒晒太阳，跟过路的人闲聊几句，更多的时候，75 岁的张大妈就拄着拐杖一个人在吊桥亭子间烤太阳。望着桥下奔流的江水，张大妈想起了她的从前：

“现在，水不如从前清。从前，我是有单位的人，在机关食堂。我二十多岁，编着大辫子。”她用手比，辫子长及腰。

“我天天都要下到江边挑水。你看，就是那边。每天要挑十多趟呢，当时人年轻，也不觉得苦。”

张大妈指的地方长着树荫浓密的大青树。

张大妈说，漾濞江的水不如从前大，现在还有人往江里倒垃圾。江边住的人多了，也没办法。

冬天，张大妈喜欢在云龙桥上烤太阳；夏天，她也喜欢在桥上吹吹风，她说别的地方她不爱去。张大妈说，从前太苦，她落下一身毛病，什么也做不了，现在只能在桥上发发呆。她耳朵不好，但每一天都要拿着家里的笤帚扫桥面，走的马多，马粪总也扫不完。

有五百多年历史的云龙桥，桥上年过古稀的张大妈，在我眼中，他们就是漾濞最有时间感的风景。五百多年间漾濞江水涨水落，云龙桥还是一如从前地承载着马帮行人。而张大妈，75 年的风雨岁月，小城镇那种特殊的人生况味，外人又如何能体会？

从清晨到黄昏，桥头亭子间总有当地人在慢悠悠闲停：年轻人喜欢在江边的石桌上打牌、下棋，附近的居民也喜欢端着水杯到亭子间闲聊。古老的云龙桥，它的速度完全与“现代”一类的词无关。这种速度联系着的是马帮、古道、乡村，以及另一种时间，另一种景致。如果你喜欢“文化”这个词，云龙桥本身以及它所表达的时间，它昔日的喧嚣与今日的沉寂，就是一种文化。

关于云龙桥，当地人告诉我这是一座“太落后”的桥。因为，云龙桥从来就只是一座人马吊桥，直到今天它也只能走走马匹、过过行人。几十年前，汽车过漾濞江就已经从南面新修的水泥大桥上走了。很显然，这座桥确实是过时了。在云龙桥头的亭子间，有人跟我开玩笑：你们大城市都走立交桥了，我们还走着链子桥，我们还不落后？

云龙桥，连通漾濞江两岸的，至今还是那些旧时的粗铁链子。在桥头，一块几年前新修的石碑，写着云龙桥的历史。关于云龙桥，当地人知道它经历了五百多年的时间，知道这座桥的两边连着许多从前马锅头歇脚、住宿的地方，他们也知道这些被马锅头叫作“铺”的地方，连着一条古老的商道，这条古商道叫博南古道。

二

漾濞，原意指两水：漾水和濞水。漾水发源于剑川剑湖，流经大理州的剑川、鹤庆、洱源，进漾濞县，流入澜沧江，濞水出自洱海。北来的漾水和东来的濞水在点苍山西南麓汇合。汇合处叫大合江，往西南数十公里后汇入澜沧江。现在说的漾濞，指的是漾濞县。

横跨漾濞江的云龙桥所在，曾经是漾濞老县城的中心。如果在空中看，漾濞县城的东面，正好是大理坝子，隔开两地的，就是南北蜿蜒屏列的点苍山。

在久远的年代里，大理一直是云南重要的物资商品集散地。古老的西南丝绸之路和滇藏茶马古道就在大理交汇，从大理往北，上丽江，过迪庆，进西藏，茶马古道上，马帮源源不断，驮运着茶叶、布匹等商品去往西藏。从大理往西，另一条古道经由漾濞通往永昌，古老的西南丝绸之路进入了它在国境内最西的一段——永昌道。因永昌道行经大理州永平县的博南山，当地人又把这段路称为博南古道。漾濞，是博南古道上的一个重要站点。

要是问从前的马锅头大理离漾濞有多远，他们可能会回答：两个铺。因为满载货物的马帮，须走两个铺头才能到漾濞。出下关龙尾关，进漾濞的第一个铺，

❶ 绵远漾濞江

❷ 进城赶集

叫平坡铺。平坡铺距下关三十来里，马帮早上出发，黄昏后可到达。再走一铺，马帮就到漾濞了。漾濞往西，是柏木铺，位于山坳中，曾经是一个很繁盛的铺头，有大户人家的漂亮房子和旅馆。马锅头在这里常常要好好歇脚，喂饱自己的马匹，因为下一站路几乎都在爬山。站在柏木铺，可以看见西边山顶上一棵很大的树，那就是下一站，秀岭铺。过秀岭铺，是太平铺，往西还有黄连铺、梅花铺等等。在从前老跑这条路的马锅头心中，这些相隔数十公里的铺头每一个都是不同的。这些众多的"铺"，就是从前马锅头心中的"里程碑"，他们以此来标识和计算自己的行程。

马锅头经行往来，踏出了一条两千多年的人马古道。关于这条古道，很多人可以查阅史书资料，寻找到它的走向，但现在除了零星通往山区的马匹以外，很少有人在这条路上走。当我今天试图按图索骥找寻它原始的遗存时，才发现困难重重。很多路段隐没在丛林、河滩和山野之间，而更多的路段早已消失无形。据说在点苍山西坡漾濞平坡铺一带还有深深的马蹄印留在古道上，于是专程前往。

在漾濞江旁一个叫券桥的地方，遇到一个放羊的老汉，随手一指说："下面就有马脚窝，起码也有几百年。原来还要多，后来老路没人走，也没有官管，有些人就近拆路上的石板围自家的田埂，还有人干脆就把大铺路石搬回家，用作盖房子的石脚（基础）。"

我们真的找到了一段已经废弃的古道，不足八尺宽，路上的大石板像打磨过一样光滑。在几块石头上，马蹄印足有 15 厘米深。深深的马蹄印积满尘沙，如果不掏出这些厚厚的积尘，你几乎什么也看不出来。古道至今还留存着跨溪而筑的小桥，这座名叫"券桥"的小桥在清澈见底的溪水之上自成风景，除了偶尔有附近的农人经过，山野这一带几乎寂无声息。我知道，在云南，人们总是习惯于事物的自生自灭。大多数人绝不会用超乎自然的形式来记忆自己的历史，他们一如自然界的万物，沉默地生，又沉默地死。与云南很多地方一样，漾濞境内众多的历史遗迹一如这里代代生息繁衍的生物，在时间中诞生，又在时间中按生命规律衰老、隐退、消亡。西南丝绸之路，这条中国最早通往境外的古老商道，它在云南的踪迹，渐渐随着马帮的铃声，随同它的往昔消逝在时间的流程中。

无数年间，无数的马帮商队经由漾濞而过，足迹遍及云龙桥相连的两岸，并在漾濞境内留下众多的驿站、铺头。如今，那些店铺、客栈只能在乡村地名中寻到些痕迹。太平铺、柏木铺、秀岭铺、北斗铺……这些从前马锅头歇脚的地方，它们的历史在各种传

❶ 蜿蜒在高山峡谷间的滇缅公路

❷ 滇缅公路近景

说中已变得支离破碎，但当地人都知道，自从新公路修通后，马帮就渐渐开始减少，漾濞逐渐变成一个交通死角。

三

与古老商道同向延伸的另一条公路是滇缅公路。老一些的漾濞人都知道，这条公路在二战期间叫“史迪威公路”，曾经是东南亚战区的陆路补给线之一。史迪威公路是漾濞最早通汽车的公路，这条为汽车开辟的道路，使走了两千多年的人马古道迅速衰老、寂寞。

史迪威公路修成于1938年，抗战期间曾经是“中国最后一条陆路输血线”。很多年长的漾濞人还记得当年军车昼夜不停地穿行于滇缅公路的壮观场面。那时，漾濞成为重要交通线上的一个站点，常常有车辆进县城维修补给。

过云龙桥，往西行几里，就可以到达柏木铺。古老的柏木铺紧挨着史迪威公路，远在明朝以前，这里就是西南丝绸之路在中国最后一段——“永昌道”的起始。明嘉靖年间，地理学家徐霞客游历云南时，柏木铺就已经作为过道上的驿站存在。

一过云龙桥，老远的地方，就可以看见柏木铺村口的大青树。踩着被马帮踏得滑亮的石道，人就走进了大青树巨大的荫翳中。大青树下，58 岁的村民何振坤刚刚从山上背回一大背厩草。抹着额头的汗水，何振坤说，他小的时候还有很多马帮过柏木铺。在马帮沉重的驮子里，驮着盐巴、糖和其他物品，马帮天天都经过家门。他祖上很穷，赶不起马，只是给过往的马锅头打打杂。那时，马锅头还算得上是富有的人呢。马锅头不仅带来了各种稀奇货，带来各地的稀奇口音、稀奇故事，也带来了外面世界的全新信息。他们是受人欢迎的经济使者，也是当地非常重要的文化传播者。柏木铺有好几家大的铺头，专门给马锅头和旅人住，都是大房子，在这一地带显得很阔绰。

仅有五十多户人家的柏木铺现在已变得十分冷清，村中的巷道寂无声息，狗在墙角下不作声地睡觉。一幢从前漂亮的大房子上，看得见满墙的毛主席语录痕迹，写满“千万不要忘记”一类的词语。下午这个时候，几乎家家门户紧锁，何振坤负重走路的脚步和喘息声在宁静中显得特别响。

何振坤家晒着苞谷，院里的橘子还未熟透。家里人都出去了，只有何振坤的岳母在院子里烤太阳，她不说话，只给我们递来小凳子，看着我们笑。何振坤说，岳母比他知道的事多，但不太会说话，从来没有见过采访的记者。何振坤告诉我们，虎年（1938 年）修史迪威公路，他去打过工，因为没什么技术，只参加修了毛路。公路修好后就再也没有人住柏木铺了。何振坤满脸笑容递给我的橘子非常酸。

沿柏木铺往西，史迪威公路在深山密林中蜿蜒而走，但已经很少有汽车经过。出秀岭铺，就到了太平铺。20 世纪 80 年代以前，走往保山、怒江、德宏方向的司机很多都记得，太平铺“繁盛”一时。司机们喜欢在太平铺停车吃饭。那时，这条路上往来的汽车

1 柏木铺

2 博南古道

2

多，路的两边，开着许多小饭馆。想不出当年这里是什样的热闹，只觉得它今天的安静恍若隔世。中午的太阳照着高山峡谷之间的小镇，下课的小学生在路边的墙角下，吃自己带来的冷饭。路边的小吃摊半天也不见有什么生意，倒是学校对面有一家低矮的小店窗口挤着许多买零食的小学生。小店主人姓梅，彝族，是个八十多岁的老奶奶，她一边卖东西一边大声地跟我们说笑。她说，自己最会摆故事，问我们想听什么。

“我年轻轻的就会摆故事了，摆给我的娃娃听。我 18 岁嫁人，19 岁就生娃娃。我要哄自己的娃娃，就学会了摆故事。”

❶ 滇缅公路在太平小尖山

❷ 滇缅公路秀岭段

问及博南古道，她说知道，从小就见过许多马帮，还有摇鼓卖货的商人。她的丈夫穷，一个卖工的（即雇工），在太平烧烧栗碳，得空也帮马锅头干杂活：喂喂马啊，装卸商货啊，洗洗杂物啊……说到高兴处，她就指着对面一个叫猪嘴崖的悬崖说：

“老早以前，连诸葛亮都来过太平铺！真的，诸葛亮留下块碑，前几年碑还在，就在那上面，我亲眼见过。为什么太平现在没有苍蝇、蚊子？旁边的地方都有，这太奇怪了。原因是诸葛亮来到太平，见苍蝇、蚊子多，就站在山顶上，用他的扇子扇东边说：东边的苍蝇、蚊子退后五公里。又扇着南边说：南边的苍蝇、蚊子退后五公里……后来，我们太平就再也没有苍蝇、蚊子了，被诸葛亮的扇子扇跑啦。”说完，梅奶奶就哈哈大笑。

说到打仗，梅奶奶神情突然变得严肃起来。她说：

“说给你们，你们不信，会以为是摆故事。这不是摆故事，是真格的，我用眼睛望着的。公路上汽车嗡嗡开个不停，后来，看见从保山、腾冲逃出来的人。有个人腿都没有了，剩着半个身子，还活着，太害怕了。我眼睛望着，富人把高跟鞋的跟都跑断了。太好笑了……后来，人家就规定不准穿高跟鞋。”

想来，那应该是1944年前后的事，当时滇西抗战进入最惨烈的时期。梅奶奶说，她讲不清是哪年，那时她有二十多岁。反正，来来往往有好多“老蒋兵”。从西边来的人大多是又饿又累、衣服脏烂，还有很多伤兵，非常惨。梅奶奶说，打仗时鸡也养不成、狗也养不成。西边来的兵太饿，看见狗就用棒棒打，看见鸡就一把扭断脖子。“不是摆故事，说给你们，你们也认不得！你们太小啦，不懂。我还把自己脚上的草鞋给过当兵的，他们连鞋子都没有穿的，怎么走路？”

传说在诸葛亮留下碑的那座山上，梅奶奶在树林躲过飞机、炸弹。她说我们跟她孙子差不多大："什么也没见过，什么也没有经历过，连草鞋是什么也不知道！我眼睛望得太多啦，80 年啊……"

梅奶奶和她将近一个世纪的过往经历，有关人马古道和史迪威公路相关的无数历史细节，我们只能从她的语言中隐约感到。而太平铺，一个地图上也难找见的小镇，人们记住这个地名，仅仅因为博南古道从此经过，马锅头要在此停留；仅仅因为它是史迪威公路上一个汽车歇脚的地方。当地人说，大约在六七十年代，太平铺比漾濞县城的小街还热闹呢。

20 世纪 80 年代初期，因现代交通事业的发展，新修的 320 国道从漾濞边上绕过，自此，漾濞和境内近七十公里的滇缅老路——史迪威公路就隐没在群峰之中。在公路的一边，可以看到古老的人马驿道在山梁上蜿蜒而过。

博南古街

四

在云南的许多小城镇，新的县城大都是由老县城改头换面，或是往四周扩张而成。漾濞却不一样，这里几乎完整保留了一个古老的旧县城格局，而这个老旧的县城无论在外貌上还是精神气质上，都停留在从前的时间里。

漾濞江边，一条街道临江而筑，不足一里的小街弯弯曲曲延伸着窄狭的巷道。这里是漾濞县城的老街，早先叫仁民街，“文革”期间改成了人民街。但从 20 世纪 50 年代至今，当地人都将其称为“小街”。作为街镇，它至少已经存在了六百多年，但作为县城，它的历史却要短得多。

五百多年前，中国著名地理学家徐霞客穿越云南的崇山峻岭，来到点苍山西面的漾濞，在《滇游日记》中，他如此记录当时的漾濞：“……抵漾濞街。居庐夹街临水，甚盛。有铁索桥在街北上流一里，而木架长桥。”今天，漾濞老城的小街依然保留着数百年前的样子和格局，民舍密集，夹街而建，老吊桥还在，马帮往来如昔，只不见了“甚盛”的喧闹和旧时的繁荣。小街已成为漾濞县城废弃的一隅，留下众多的历史痕迹，像安静的老人，随时光流逝渐渐隐退。

沿青石板路走进小街，那些低矮的老屋看起来已经非常破旧。街是老街，宽不足五米。路面在几年前换过石头，依然保持着从前作为官马大道的样子——中间铺垫着两尺宽的青石条，边上镶着来自河底的鹅卵石。真正的老石头是临街民居门前的石板，也不知经历了多少时日，被踩出了坑，平滑，光亮，像上过蜡。街边的房舍，几乎都是老式的土木结构，瓦檐发黑，门面衰颓。

现今的小街，几乎是一座空城。家境好些的人家差不多都已搬到县城新区，剩下的住户自称是住在“贫民区”，因为他们没有足够的钱搬新家。这些老居民已经习惯了平静、悠缓的生活，并且从不觉得小街有自己生活之外的价值。他们之所以还生活在这里，仅仅因为小街是他们的家。

小街人当然也有自己的光荣时间，远一些的，现在的人不大说得清。说近些，他们知道 1912 年，辛亥革命的第二年，漾濞建县，归属大理。在此之前，漾濞一直归属永昌府。最早的县城就在小街，此后的数十年间，小街就是漾濞最繁华的地方。曾几何时，当地的富有人家在小街上置地购屋，开旅馆，设马帮，小街上店铺密集、商业兴盛、人马喧闹，很是风光。现在的小街还保留着几幢建筑讲究的庭院，从前的主人都是靠驿站和旅馆生意发起来的。民国年间，这些有钱人家多少都靠过往马帮做些或大或小的生意。

新中国成立后，小街就成了新时代的新县城。一直到 20 世纪 80 年代，县百货站、供销社、联合诊所、粮管所、新华书店全都设在这里。小街成为全县物资、商品最主要的集散地。每逢街子天，狭窄的小街挤满了交易的人群，核桃、香米、蘑菇、草药……山民带来丰富的山货，而供销社、百货门市则挤满了买棉布、盐巴、白酒、煤油的山里人。当年最大的商店是“七隔铺子”——因有七间门面而得名，七隔铺子集中了百货站、供销社和粮管所。小街上的街民，因为用的是购粮本而颇为荣耀。

小街 70 号，住着一户姓马的人家，从前就是有购粮本的“县城的”。男主人马师傅五十多岁，他告诉我们，他家从前不在小街。“我们是卖了原来老家的房子，才搬来这里的。1967 年，我们就搬来街上做了街民。毛主席时候，我们都是用购粮证的街民嘛。但跟不上时代的发展喽，现在，我们又变成了居民。落后啦。”在马师傅眼中，农民、街民和居民，其身份显然是大不相同的。马师傅说：“毛主席时候，我们这里有卫生院、供销社，是全县最好的地方。我家这里还开过新华书店，卖的都是红宝书，还有毛主席像。”马师傅要去磨面，穿了一件洗白了的蓝外套，是 20 世纪 70 年代的时

髦样式。

与马师傅那时髦衣服一起过时的是“七隔铺子”。大约在 70 年代后期，渐渐大起来的漾濞县城开始向漾濞江东岸的缓坡地带发展，县城的中心开始转移，先是百货站，后来是粮管所……一家家国营单位纷纷搬走。几年前，漾濞县中医院搬走了，这是最后一家搬走的国营单位。小街至此完全丧失了它作为贸易集中地带数百年的喧闹。

现在的“七隔铺子”已经荒芜破败，一溜的门面颜色斑驳、大门紧闭。在陈旧的门头上，还挂着县供销社和采购站、百货门市部的牌子，一副旧时的严肃表情。最生动的是瓦顶上密密的黄草，两尺多长，鲜红的花朵还未完全凋谢。

与“七隔铺子”一起，小街在 20 世纪 80 年代开始冷落。在 41 号紧闭的老门面上，四十多年前用纸糊上去的标语还在，一尺多的大字写着“社会主义好”。历经时日，字迹已经模糊，但那个时代的气息却是非常强烈的。这种气息当然也较完整地留存在当地人的言行举止中，就像小街 70 号的马师傅，他的言语中离不开对毛主席的感激和怀念，在他简陋的家中，还贴着一张毛主席的画像。

今天，小街上的漾濞人依然保持着大家庭的朴素感情。尽管山民的骡马走个不断，小街路面仍然随时干干净净，发着石头好看的亮光。只要路上落下马粪，路边就会有人拿撮箕来收拾。小街上段一个正在撮马粪的中年男人说：不扫，脏的还是自己家。他说，这一带的居民从来不计较谁家扫得多、谁家扫得少。他们从来都是谁见马粪，谁就扫了。“我们这一段，从来都是最干净的！”这显然是件很光彩的事。小街上的居民好像并不因山民的骡马弄脏了家门口而不高兴，因为他们觉得，自己的生活终究要比山里人好得多，“县城的”优越感使他们宽容。有时，他们会给路过的山里人一点食品、衣物。在他们眼中，这是一件自然而然的事。实际上，很多人祖祖辈辈就在这个过道之上生活，并早已沿袭了过道之上一种古老的道德观念。

小街 110 号有家小杂货店，早上七点到八点之间，常有路人来买些小点心和纸烟，这也是一天生意较好的时间。这家门牌号为“人民街 110 号”的小店现在是小街最大的商店，店门上贴着“公道贸易”的字样。店面为相连的两间

留在古街的
旧时光

外屋，一边卖盐巴、酱油、白酒、纸烟和当地自产的小点心，另一边则卖着麻绳、煤油、彩纸和老草纸等杂物。75 岁的店主严桂英不识字，她说从来也不知道自己的名字怎么写。严桂英原是腾冲人，新中国刚成立时与丈夫一同来到漾濞小街。严桂英很有些骄傲地说，她的丈夫当过游击队员，还属于功臣那一类。掐指一算，严桂英说自己的小店开了有 50 年。1948 年到小街，次年 12 月开小店至今，其间经历了公私合营、收归公有，然后又店归原主。守着这两间与居屋连在一起的小店，严桂英已经习惯了不再热闹的小生意。早起的人来买点心、糕饼，赶街回来的山民也会顺路买些麻绳、草纸和香烟、白酒回家。严桂英跟来往的人都熟了，她喜欢坐在小街上晒太阳，不时与路过的人打个招呼，说几句闲散话。有时，也有老邻居来一起坐着说话，晒太阳。

早上九点不到，小街安静得如同无人一般。除了偶尔经过的路人留下些脚步声，就是漾濞江水终年不绝的奔流声。透过西面临江的屋子，可以看到江对面的树林。在黯淡的房屋那面，明亮的树林像一张风景画。有时会让人感觉，房屋的两扇门对过而开，好像就是一种特殊的造景，而屋里活动的人，却像幻影一样看不真切。

作为一个缓慢时代的留存，如今的漾濞小街上，行人稀少、街巷空寂，安静得如梦境一样。满目旧日时光的痕迹，让它停留在另一个年代里。对于外来者，漾濞江边的小街，今天已经成为一种风景；对于外来者，漾濞也是一个要让人怀旧的地方，因为在奔流不息的江水声中，它所流露和保存的，更多是一种往日的时间碎片，一种边地生活简单而本质的气味，一种早已被城市和速度丢弃的方式。它所表达的，是城市以外的另一种生存方式。或许，我们只需理解为另一个集镇，另一类人群，另一种时间和另一种速度。

五

作为一个过往者，我真的无法漠视漾濞小街在1999年冬季那些流动着的细节，那些让我记住漾濞的场景，它最普通的一天。在今天，漾濞老街所显现的无疑是一种真正的“另类”姿态。它绝不是故意而为，它不同于城市，全然区别于能够大为风靡的“主流”；它也绝不是外来者眼中的“风情”一类的滥词，它平凡而寻常的物象中，储存着一个地方的记忆——丰富具体而且富于生命，像云南许多地方一样，沉默而保留着自己的记忆。依靠这些记忆，我们或许可以让古老的历史场景得以复苏。或许我们可以借此感受到内心那个与传统紧挨着的世界——如果我们还能够用心感受。

一条江，一座城

一条江源远流长。在江岸上的悠长岁月里，若雨后的森林中长出蘑菇那样，一点一点，长出了一座雨水细细、炊烟袅袅的古城来。一条石子铺就的窄窄的街，中间一溜青石板，从东到西弯弯地、安静地穿过瓦屋木檐的民居间，几条清幽的巷道再把两旁的民居细细一排，一座古城最初的格局，就这样出来了。

一

漾濞史学杨纯柱在《“漾濞”称谓的由来》一文中说到：漾濞二字，最先分别为两条河水的名字，即“漾水”和“濞水”——也就是如今的漾濞江和顺濞河。此二水为何名为“漾”和“濞”？有推论认为是因为江河水文地貌特征而命名。“漾”和“濞”皆为形声字，“漾”为水波荡漾之意，“濞”，东汉许慎编著的《说文解字》将其解释为“水暴至声”。“濞”字的使用范围比较窄，历史上多用于人名，如西汉的吴王刘濞等。现今则只与“漾”字组成一个专属地理名词，《现代汉语词典》关于“濞”字的释义为：“漾濞，地名，在云南。”

在这篇文章中，作者还列举了“漾濞”二字在史上各种典籍中的记载或使用情况。较早记述“漾濞”二字的为唐代贞元十七

年（801年）杜佑撰的《通典》，其卷一百九十中记载："吐蕃有可跋海，去赤岭百里，方圆七十里，东南流入蛮，与蛮西洱河合流而东，号为漾鼻。"这里"漾鼻"就是指的漾濞江，只是将"濞"写为同音不同字的"鼻"。唐元和二年（807年），刘肃所纂的《大唐新语》卷十一中又对"漾濞"二字做了记述："时吐蕃以铁索跨漾水、濞水，以通西洱河，蛮筑城以镇之。"这里的漾水、濞水，方国瑜先生在《中国西南历史地理考释》中明确指出："所谓濞水者，或即指胜备江（即今顺濞河，民国时期称其为胜备江）。而漾水即濞水也。"

从杨纯柱老师的列举看，关于"漾濞"二字的正式文字记载，最早见唐贞元《通典》，距今也才1200余年。而早在公元前4世纪，已经有南方古丝绸之路从四川成都出发，经云南昆明到达大理、保山等地，再转向缅甸，到印度。古道从大理往西，一路行经漾濞，在漾濞境内的大致走向为：下关天生桥、四十里桥、小合江、大合江、平坡、金牛、驿前

❶ 漾濞江水贯南北云龙索桥通古今

❷ 一条江，一座城

古道悠悠

铺、漾濞古街、云龙桥、柏木铺、太平铺、打牛坪、顺濞桥，至永平黄连铺。古道从大理往西，进入永平博南山，直至西南边境的一段，又被称为“博南古道”。古道的整个漾濞境内段，先是西出大理沿西洱河而行，至平坡，西洱河汇入漾濞江，古道溯漾濞江西进到达漾濞古城。出古城，由古道上秀岭坡，过太平，抵达顺濞河边，之后溯河西向，进入永平境内。纵观古道在漾濞的整个走向，一直是在傍水而行——傍水进入漾濞，又傍水走出漾濞。

确切地说，漾濞的历史，是一部由路而来的历史，这片地域的文化，是一部因水而写的大书。道路的历史与江河的文化，在这里相融相合，无以分割。

最初是古西南丝绸之路，使漾濞成为江岸上的古驿重镇。同时，却又因漾濞在古道上东接大理、西往永昌的咽喉遏要之地势，历来多发兵燹。据说三国时期，蜀建兴三年（225年），为平息南中“大姓”和“夷帅”反叛，蜀丞相诸葛亮亲自率军南征。在漾濞民间，流传着许多关于诸葛亮的传说。比如现今太平乡的“太平”之名的由来，太平乡境内“打牛坪”的由来——传说当时诸葛亮曾在此“教土人鞭牛以代刀耕”。诸葛亮七擒孟获之地，据说就位于今平坡镇石坪村下面西洱河与漾濞江交汇的峡谷地带。漾濞县城隔江对面的飞凤山麓，清朝年间曾建有“武侯祠”。又如上文所提《大唐新语》中“时吐蕃以铁索跨漾水、濞水，以通西洱河，蛮筑城以镇之”，便是对唐时在这一地区与吐蕃之争的记述。

史料载，唐中宗景龙元年（707 年），重新归附吐蕃的部分姚州（今楚雄）部落与吐蕃军队联合进犯四川南部，唐王朝下诏灵武监军右台御史唐九征为姚嶲道讨击使，率军征讨吐蕃。唐九征所部在姚州大破吐蕃军队，接着又乘胜追击，将吐蕃军队赶出了洱海地区。但在进入漾濞境内后，吐蕃军队凭借险要地势和坚固城垒，与唐军激烈对峙。在付出艰苦努力和极大代价之后，唐军终于取得了决定性的胜利。唐九征在击溃吐蕃军队后，不仅焚毁了吐蕃在当地建筑的城垒，还下令拆除漾濞江、顺濞河上的两座铁索桥，以切断吐蕃与洱海地区的交通，并仿东汉传习，在漾濞江畔今下街竹林寺一带立铁柱以纪功，以表明这片土地已重新纳入了大唐王朝的版图，同时也以此纪念和抚慰在战争中为国捐躯的唐军将士。此便是后来清代孙髯翁所撰昆明大观楼长联中的“唐标铁柱”所指。

除了诸葛亮、唐九征外，沿着这条在滇西峡谷中傍江河而行的古道，历史上又走来了许多人：忽必烈，李元阳，杨升庵，徐霞客，林则徐，李根源，徐悲鸿……所有这些人物，都曾在漾濞这片土地上留下了他们历史的足迹，由此，成为漾濞历史中的一段段真实篇章。

再后来是 20 世纪 30 年代末的滇缅公路。

斯时，日军从缅甸边境进犯西南，国势危急。为力挽国势而紧急修建的滇缅公路，几乎一路沿着古道而来，在漾濞境内，更是一路与古道相合。在漾濞县城脚下今河西大桥上游十余米处，当时修建了一座跨江钢缆吊桥，漾濞人称它为“吊桥”，外地人称它为“漾濞桥”。2012 年，我因受邀为县政协编纂《漾濞抗日战争中的人和事》一书，读到漾濞作家蒙正和为这本书送来的一篇稿子：《滇缅公路第一桥》，里面写的正是这座吊桥。作家在文中称这桥为“千里滇缅公路上的一座英雄桥”。这篇文章对那段国难岁月的悲壮讲述，使我心潮难抑，特别是当中有两段讲述，令我读得热泪满眼。“1942 年初春，远征军十万将士通过漾濞江桥，金戈铁马滚滚西去，杀奔缅甸战场，与英军共同抗击日军。车辚辚，马萧萧，将士刀枪各在肩，尘埃不见漾江桥！漾濞各族各界父老到江边送行，以壮行色。……虽有仁安羌大捷，但于事无补，日军迅速从海上增援，致使同古防线被击破，曼德

勒会战化为泡影，形势急转直下。出缅部队溃不成军，多少中华男儿空怀杀敌报国之志，一腔热血空洒异国疆场。杜聿明兵败野人山，戴安澜马革裹尸还。一个凄风苦雨的日子，漾濞父老扶老携幼，披白含悲，到江边桥头点燃香案，哭迎抗日忠魂……”

也是在这次编纂中，我读到了漾濞县政协委员田溥送来的一篇稿子，里面有一段关于当时国军在漾濞江上模拟训练强渡怒江的讲述：“1943 年 7 月至 1944 年 3 月，远征军第十一集团军第二军王陵云部派出一个加强团，第二十集团军第五十三军周福成部派出一个加强团，共同留驻漾濞。王凌云部加强团驻下街，周福成部加强团驻上街，分别在下街吊桥下游和上街云龙桥上游，用竹筏、橡皮船和救生圈，在汹涌澎湃的漾江中做渡江模拟训练。……两团经过半年的轮换、艰苦训练后赶赴前线。5 月初实现了怒江强渡，打响滇西大反攻第一战。”一条江，以这样一种特殊的方式，参与了国

远征军强渡怒江

滇缅公路顺濞河钢架桥

家和民族的一段艰苦卓绝的苦难史，见证了万千将士为国杀敌尽洒热血的英雄诗篇。

——从最初的古西南丝绸之路到达这片“蛮瘴之地”，至三国蜀汉诸葛亮南征，继而唐，继而宋、元、明、清，继而 20 世纪的抗日国难，一片边陲荒远之地，马蹄踏开山河，热血凝成史册。当一页页往事渐行渐远，一条路，深深印进历史的血脉；一条江，繁衍开岸上千年的荏苒光阴。

记得是 2008 年的雨季，县文联与县交通局一起，组织了一次“古道采风”活动。那次采风的路线是从平坡小合江往外、大理市太邑完小脚下的四十里桥开始的。跨在西洱河上的一座十多米长的栈桥，依稀留着旧时古道的模样。在栈桥的两端，一边是大保高速公路，大大小小的车辆在上面急速驶过；一边是太邑完小，三四层高的教学楼里书声琅琅。那天清晨我们出发得早，去到时太阳刚出来不久，站在桥上，晨风习习；倚桥下望，水流汤汤。

从四十里桥出来，我们去了 320 国道上面的合江铺。这个旧时古道上的驿站，仍保留着许多古道的旧影。而古道上更多的驿铺，如今只留下一个个地名。这次采风，我们共走了两天时间。第一天的下午，我们从城下隔江对岸的柏木铺出发，上秀岭坡，到太平，一直走到顺濞河桥——这座当年修建滇缅公路时所造的钢铁桥，是至今为止在这条路上保存下来最完好的一座钢铁桥。第二天，我们沿平（坡）甸（剑川甸南）公路进到漾江镇，重走了一段当年古道的另一条重要分线：前往洱源乔后、云龙诺邓的盐米古道。那日遇着一场急雨，从漾江镇政府进去不远的金盏河水满流急，满河洪水在大石间翻滚碰撞，一路向下跌去，之后下了公路涵桥，汇入了漾濞江。下面的漾濞江在一片急雨中翻起一江红浪，滔滔滚滚。

这次采风活动的作品，后来结集为《古道漾濞》一书。

时隔4年，2012年4月，应太平乡之邀，县文联又单独组织了一次滇缅公路采风活动。因为一些专家关于保护滇缅公路旧貌的建议，从漾濞县城到太平乡政府，再到顺濞河桥的三十多公里的老滇缅公路路段一直还保留着旧有的弹石路面。在各地交通条件都已极大改善的今天，这条旧公路，给沿线村庄群众的生产生活带来了许多不便和制约。如何将缅怀历史与加快发展协调衔接，成为地方党委、政府的一个课题。

在太平乡机关所在的山谷对面，有一座陡立的山崖，名叫猪嘴崖。崖下有一条河，名叫八达河。小河出了机关驻地，一路向下，在山谷间流淌数公里后汇入顺濞河。顺濞河潺潺向东，流经顺濞乡政府驻地，流入漾濞江。

在更多的时候，漾濞江是安静的，尤其是流经县城的一段，因为地势较为平缓，江水安静地流过云龙古桥下，安静地环过小城，安静地向东，而后向南流去。一次意外的机缘，我站在鸭子坡县老农行院子5楼上的一排阳台窗前，看见了在城下流淌的漾濞江——这是我第一次从室内看见这江的样子。时节正由秋向冬，阳光晴澈。站在这里，隔江对岸飞凤山上的望江亭近在咫尺。对面山谷中下来的石月亮河倚着山脚流淌，在亭下的山脚注入漾濞江。江流和缓，在河与江交汇的地方，岸上开满洁白的芦花，秋收后的田野一派宁静。在江的这面，一片老城倚江而筑，那条沿江穿城而过的如今仍保留着的窄窄的博南古街若一条朴旧的带子，街面的石板和石子，在下午的阳光下，安静地散放着清淡的光。

二

一条江源远流长。江岸上的悠长岁月里，若雨后的森林中长出的蘑菇那样，一点一点，长出了一座雨水细细、炊烟袅袅的古城来。

一条石子铺就的窄窄的街，中间一溜青石板，从东到西弯弯地、安静地穿过瓦屋木檐的民居间，几条清幽的巷道再把两旁的民居细细一排，一座古城最初的格局，就这样出来了。卖牛巷，平政巷，汪家巷，北门巷，周家巷……这样的巷道名字，带着古城旧时的气息，一笔一画，带出古城旧时的模样来。

从仲春之后起，一直到中秋，小城漾濞的傍晚时光，都足够人们慢慢地散步。那些安静的旧巷道，正适合这样的傍晚时光。安静地走，慢慢地看巷道两旁印满时光气息的老建筑，看一段旧墙上的仙人掌开出淡淡的花来，看一株三角梅在一个门头上漫开一片安静的艳紫，又或者，看一扇半拉开了窗帘的窗内，一把插在藤条花篮里的绢花无声绽放。

一位离乡多年的友人，有一回曾向我忆起他年少时在这老城里，说他家住的那条巷道，有许多酿酒的人家，为此，这巷道里总经年地飘散着酒香。朋友忆起的那条巷道，似乎就是今天名为来龙巷的那条巷道，旧时叫卖牛巷。有一天傍晚我走过这巷道时，想着数十年前这巷道里的酒香，细嗅时，酒香不闻，却闻得巷道旁一个老院子里飘出炝干辣椒炒菜的香味。

一条江，一座城，共同名为漾濞。没有人细细考证，是江因城而得名，或是城因江而称谓。但却可以肯定，一定是先有了这远古的江，而后，才有了江岸上这千年的城。在那些看不见的时光里，这江是怎样流淌的，人们已看不见了，只是，这片江岸却悄然记下了旧时这江流淌的模样。在老城西侧的小箐里，一溪流水倚北向南哗哗流淌，一户人家在东岸上紧邻流水而居。在这户人家的院外有一条路，一面临着人家，一面切坡而下，在那道坡的大约一丈多厚的切面上，泥沙间——是的，是已然被时间凝固的泥沙——镶嵌着无数大大小小的圆石。

能想得出来，这样厚的冲积层——当然不止是那个切面的厚度——肯定不是身旁的这条溪流能冲积出来的，能冲积出这厚厚冲积层的流水，唯一的可能就是下面那条现在看起来离这里有三四百米远的江。在江的这面，一片肥沃的田畴向着城下缓缓靠过来，几户人家相间在田畴间。春日菜花黄时，我曾几次到达过那片田野，安静的水泥小路穿过田间，到达人家的门前。

有一天傍晚我在来龙巷遇着一位老奶奶。老奶奶安静地坐在背江面北的一间平房的屋檐下。在她的面前，有一方挖好的四方形的地基，基坑深约一米多，里面正中躺着好几块从大河冲出的大圆石，每块都有一两百斤，看得出是在挖这地基时挖出来的。我看着这些石头，它们肯定在老奶奶之前就在这里了，并且，它们肯定在这个古城、在这片江岸上生长之前就在这里了。大河弯弯，时光滔滔，在无尽的时光前面，弯弯的大河冲积出了这片深埋下记忆的土地。待岁月的河流啊流，待沧海变成了良田，这岸上走来了古道，走来了驮在马背上的货物。马蹄踏开涛声，一个古道上的驿站，在时光里缓缓开枝散叶，长成一个旧旧的城。自此，才有了这个小城里的那许多春来秋往的光阴，有了那许多袅袅升起的炊烟以及一笔一画的往事，有了此刻这一脸皱纹的安静的老奶奶，坐在这安静的傍晚。

资料上说，一直到民国，这小城的面积方圆也就 0.15 平方公里——多么小的一座城啊！一条街，几条巷道，真真是比巴掌也大不了多少。只是，就这小得不能再小的城，那也曾有过许多诗意的旧时光。我是在编纂那本《漾濞抗日战争中的人和事》的时候，读到一篇民国漾濞县第二十二任县长曹子英的女儿曹慧娟写的一篇《回忆我的父亲》，里面有一段写道："父亲没有不良嗜好，除了读书看报爱打网球外，偶尔逢年过节为了应酬也陪地方上的同僚玩一下麻将。我在漾濞的两年间，有时晚饭后也陪他到县中学附近走过一条林荫道就到的一块场地上打网球，还带着我们喜爱的一条训练有素的狼犬，为我们捡球……"曹慧娟那时候正是一个中学生，而曹子英先生那时正是英年。晚饭后的时光里，林荫道，父亲，女儿，网球，飞跑着一次次捡球的狗，渐晚的天色里流淌着诗意。一只球在空中左右飞着，一轮薄月自东边悄悄爬了上来……同在这本书中，在田溥老先生写的另一篇文章里，还写到曹子英的夫人、湖南人费氏若华，里面说，费若华出身书香世家，不俗不娇，德貌俱佳。仿若民国电视剧里的那些镜头，一个身穿旗袍的书香女子，在时光的深处，轻轻地走过这小城的巷道。

资料上还说，来龙巷作为古城的中心地段，民国时期的政府衙门、兵役局、县立中学、卫生院等机构也都分布于这巷道两旁。到后来新中国成立后，除了机关，供销社、新华书店等许多单位也都在这一片。县印刷厂在清真寺隔壁，20

世纪 80 年代末我在县一中上初中的那会儿，印刷厂还开着，是之后多年才慢慢关闭了。

县法院听说之前也在这地方。我女儿她爷爷当年在县法院工作，带着他的小儿子——我女儿她爸爸在身边。我上初中那会儿，县法院已经搬到了现在所在的县城主街苍山中路中段，而当年跟着父亲在老法院住过多年的那个孩子，一直还记着那个地方，每一次傍晚散步从这巷道里走过时，他总要指着告诉我一遍：“以前老法院就在这里，我和爹就住在里面的那间。”后来有一回又去，看见那方老院子已然拆了，狼藉的地面上，正要盖起新的楼来。当年曾住在这里的这个孩子，已然中年的脸上神情渐渐黯淡下来，之后，轻轻地发出一声叹息。这地方后来建起了一座漂亮的房子，宽敞的院心里可以停好几辆车。再走过这里的时候，当年的那个孩子，仍一眼一眼，向着那里怅望。

记得曾在书上看到过一个关于“胡同”一词来源的考证，里面说，“胡同”一词来源于蒙古语“忽洞格”，是井的意思。元代的时候，蒙古人开始把这个词带到了北京。在这里扎下来的蒙古人挖了许多井，人们在四面依井而居。“忽洞格”的发音后来慢慢演变成了“胡同”。一代又一代，城越建越大，井越挖越多，在井的四面，以井的名字命名的巷子一条条延伸开，于是，老北京就有了数不清的胡同。

小小的漾濞旧城，最初也是围着一眼井长开来的。听说最初的古城，就是在城东边距后来的古城入口处约三百米的一个叫“木瓜井”的地方，之后，逐渐向周边扩展开来。后来由于地势的关系，城逐渐沿江岸由东向西延伸，当古城后来的定居者离井愈来愈远时，才又出现了现在云龙桥头的第二口井，这是一口吊井，史家说，这口吊井距今至少也有五六百年的历史了。

这云龙桥头的吊井所在，其实是一个路口。旧时的古道来到这里，分开成两个方向，一个方向，往前再走十多步，过云龙桥一路西去，前往永昌，这是博南古道；另一个方向往北，沿江进入洱源乔后、剑川，进入丽江，为茶马古道。日月汤汤，在这里分开的古道各自带着时光远走，而井一直还在这里。一直到几年前，这井还仍然用着，井面上一圈两尺高的石围，井口被磨得光亮，一旁常放着一只挂着拉绳的小桶。在井的旁边，有一户人家常常在竹篮或是纸箱子里种着青菜、葱、蒜。人倚在井边往里看时，古井深处便有一种幽凉一点点浮了上来。

不曾注意是在什么时间，这井被一块切成圆形的铁皮盖住了，边上还加了一把小锁，这当中的原因，大约是为了安全吧，以防人或者什么东西掉到里面。反正，这城里的人们，早就已经有了自来水。一口老井，就这样被安静地封存起来。井旁的那户人家，门外的竹篮子和纸箱子里仍种着青菜和葱、蒜，只是，浇在上面的水想必是家里自来水管里接出来的了。

井旁那条沿江向北的路，如今叫茶马路，两旁有许多老屋、人家，断续地安静排开。中段上一户紧邻路下的人家，

也在竹筐和纸箱里种着菜，品种比井旁的人家多，有小白菜、小包菜、花菜、甘蓝。不宽的院心前头种着火塘大的一片蚕豆，蚕豆前面种着一丛芭蕉，上面开着一挂紫色的花。

又说，这古城的东端曾有“云集场”，就在今天县林业局所在的地方，“云集场”三天一街，万商云集，熙来攘往。又说，古街下面旧时的周家巷和汪家巷的深宅大院里，有四合五天井、走马转角楼。还说，旧时的古城，有数家每家都能容纳三四百匹骡马歇脚、加料的马店客栈。还说，旧时的古城里，书院、寺庙等各种古建筑林立，佛教、道教等各种宗教并存，四川、江西等省的人们往来，核桃、土锅等各种货物贸易。在当地史学研究者杨纯柱老师所写的名为《漾濞古城》的文章里，将这古城旧时的画面一一描述、呈现。依依往事去，脉脉气息存。却道有情怀，江畔一古街。

在杨纯柱老师的文章里，说到这古城旧时的城门，东西南北四座，铁皮包封大门。里面说，那时的东门和南门又称为“映雪门”。文章中没有说到，为何这两座城门却共用一个名字，而我对这名字却喜欢。据说，在城对面的秀岭山上，旧时曾有一座大觉寺，寺门楼子名叫“放雪楼”。秀岭那地方高，正遥对着东面的苍山，苍山顶上的积雪终年不化，放眼远望，一线白雪。到了山下江边的城里，将城门取个名字叫“映雪门”，我后来猜想这当中的由来，想是来自旧时漾濞十六景中的一景：雪映漾川，说的是冬春之际，点苍山白雪熠熠，辉映涟涟碧水，恰逢璧月临江，雪月交光，清波晃漾，天地一色，冰清玉洁，漾江两岸的江村山寺，遂化作一片琼楼玉宇，灵境仙乡……

三

江岸上的古城开始一天天扩展开来，大约是在 20 世纪 70 年代之后。这城就像一棵树，以江岸上古老的街衢为根基，一点点向北，之后向东生长开来。

1988 年，我从老家的达村完小考进县一中。那年我 12 岁，第一次来到遥远的县城。我们的路途是这样的：从老家村庄脚下的江桥集上搭货车到巍山大仓，在大仓镇上住了一晚。第二天一早，从大仓乘客车到下关，到下关后，又转乘到漾濞的客车，用两天的旅程抵达漾濞。我那时是跟着住在我家隔壁的我的老师一块来的，那年我们初考完之后，带完我们的老师也从村完小被调到乡中心校任总务主任。开学前，老师要来县新华书店调运全乡新学期的教科书。虽然离县一中通知的开学时间还有一个多星期，可是因为那时候交通不便，家里就把我拜托给老师，请老师带我出来。

老师在县城待了两三天，从新华书店拿好了书，又带着我买好一应需用的物品，之后租了一辆货车运书本回去了。老师走的时候，把我拜托给我们达村在县农资部门（那时候好像还不叫农资公司）工作的一位同乡叔叔。叔叔住的农资院在现在的县城脚下，紧临着雪山河。两三天后的一个早上，我一个人沿着鸭子坡上来，到农贸市场去买了一回菜。我还记得我那天早上买的菜是一把毛豆、一棵白菜。一路上，心里有些紧张，怕走错路找不回来，便努力地看好沿途的建筑。买菜的时候也紧张，从小在彝家山村长大，在小学里，老师

们除了课堂之外也都说土话，因为没有更多接触过说汉话的环境，我到这时候还不能流畅地说汉话，怕被卖菜的人笑。所幸，菜买回来了，路也没有走错。

那时候，现在县城的主街苍山中路已经成型。鸭子坡内拐弯处是县农行，上来是县委，县委大门临着街面，县委上来是县医药公司、人民礼堂（也就是电影院，平时放电影，县里各种大会也在这礼堂里举行）、新华书店、国营饭店。对面，与县医药公司相对的是百货公司早晚门市部，往上依次为漾濞县百货公司、糖烟酒公司、邮电局。在国营饭店、邮局和工商银行中间是一个十字路口，路正中一个圆形花圃，人们叫它作街心花园，花圃正中有假山喷泉，喷泉的四面有树枝形路灯。邮局隔横街的对面是“中国工商银行”。十字路口的东北角、国营饭店的隔街对面那时候是什么情景我如今已想不起来了，只记得国营饭店右拐往下是“国营照相馆”，照相馆里有一个年轻的姑娘，个子娇小，人长得特别漂亮，照相馆一进门的小厅墙上挂着的放大的黑白照片就是她。我后来回想起那照片上的她，也烫了卷卷的头

古驿道柏木铺段

发，恍若民国电视剧里的美丽女子。那位姑娘就住在照相馆的楼上，上楼的楼梯是外砌式砖梯，边上是砖砌的封闭式扶手，楼上的走廊向里。国营照相馆的斜对面是县人民医院。那时候，国营饭店的门口早上卖一锅油条，一角五分钱一根，第一次老师买给我吃时，告诉我说这东西叫“油条”。“国营饭店”里面的工作人员都穿着白制服，服务态度很不好。

那时候，城里最高的楼是四层楼，有农行临街的营业楼、县一中的新教学楼、县邮电局，还有工商银行。那时候的法院已经在现在的地方——苍山中路中段东侧，大门上侧的围墙上有一排橱窗，里面贴着县里召开的一些大会的照片，有“书记讲话”“县长报告”什么的。有一回还贴出了法院枪决犯人的照片。法院往上二三十米便是苍山中路的第二个十字路口，同样的，中间有圆形花圃，但这回花圃的中间不是喷泉，而是一尊高高站着、手托一盘核桃的彝族姑娘塑像。十字路口左上角的县政府大楼记得是1991年我们初中毕业前后盖成的。那时候的苍山中路还不叫这名，记得好像是叫“新建街”。

那时的县一中大体就是县城的中心位置了。我们在晚饭后常常去校外背书，出去的时候，不论往哪个方向走，不出10分钟，便到了县城的边上。我们常去的地方一个是雪山河，一个是云龙桥。雪山河从北面的苍山下来，流经县城身侧，河水经年清澈冰凉。河的对岸，那时候还是一片稻田。夏天傍晚去雪山河，我们常脱了鞋在水里走着或是泡着，一边背书，脚下的河水一如天空的干净明澈。春天傍晚去云龙桥，桥西岸的飞凤山脚下，小路的上下开满了粉色的水仙花。水仙花是先开花、后发叶，一支支紫红的花茎，径直从春天还未下过雨的干干的土地上冒出来，之后，很快便开出粉色、美丽的花。水仙花一片一片开得妖娆，桥下江水静流，我们在小路上来回地走着背书。记得是快到春末了，水仙才慢慢开尽，花谢后的茎脚下，一天天长出了碧绿细长的叶子来。

县一中对面的县委大院，早些时候所有的县级机关都在里面，后来才慢慢搬出去了。大院的核心是县委办公的小院，有单独的围墙和大门。小院主楼是一栋“凹”字形的坐南朝北的两层砖木结构楼。院子西侧一栋三层钢混结构楼，房子的二楼上，前后两面都有许多扇小窗，连成了一排。多年以后，我才知道在那些窗子里面装的是全县的档案。我们有时候会到这个院子来背书，这里离得近，来回可以少走一些路，院子里也安静。小院的正中有一棵高大的攀枝花树，在从大门通往主楼的甬道右侧，甬道左侧的草地中间是一个有着花瓣形池沿的不大的假山水池。攀枝花树下以及档案楼前有几张水泥桌椅，铁支脚被焊稳在地上。那些桌椅多为圆形或多边形，唯有一张长方形的，上面贴着小块的瓷砖，做成一张象棋桌。

我如今就住在这小院子的面前，站在家里三楼的阳台上，日日面对着这个小院以及院子里的攀枝花，这一点当年却不曾想到。我那时初中毕业上了一所中专，三年后中专毕业，回到老家乡上，先是在一所村完小教书，后又到乡上，待了七八年，之后调到县城里来。我来到县城里的时候，集资房的时代已经过去了，进入了自买房的时代。经人介绍，问了两三处房子，最后竟买在了这个院子里。这时候，县委已经搬离了这里，档案局还在这里办公。原来县委的主楼经过一番重修，划拨给了县老干局，整幢楼以及院子成为县老干部活动中心。小院的围墙和大门在重修中都拆去了，院子里也做了许多修整。攀枝花树仍然在这里，一年一年地开着花。

苍山雪景下的漾濞县城

城也一年一年地发展着，县城区在多年前就“漫”过了雪山河发展到了河的东面，被叫作东片区，许多单位都搬到了那边。老城区这块也一路向北扩展，一直连接到了早前属于“城郊”的偏远的县职业中学。

在小城漾濞，晚饭后的散步时光可以从春末一直到中秋。我和朋友常去散步的主要有两个地方，一个是东片区的团山小路，一个是城下的云龙桥。春天里，桥西的山脚下依然开着粉色的水仙。桥两端紧临桥亭的院子里，依次开出桃花和李花来，东面的院子里还种了一架鸡笊花，远远地散放出馨香，站在桥上便能闻见。我后来听朋友姚静说，这花在书里的名字叫作素馨花。岸上花开花落，桥下流水汤汤，桥西岸的那棵古榕树依旧一年一年地茂盛着。

细想起来，这么多年，我所走过的路，也就是从老家的村庄出发，溯着村庄下面的江水往上走了一段——溯着那一江流水，走到这江水环过的江岸上的小城来。之后多年，依着某种无以言说的定数，在其间安静地生活了下来。这城下的流水，它是我的村庄下面的流水；我的村庄下面江上昔年的碧波，便是从这城下流去的。这样想着，我数十年的人生，竟不曾离开过这条江。村庄在下，小城在上，我许多时候顺着江，顺着江岸上的路回去村庄的老家待几天，然后，又从村庄出发，溯江回到在县城的家里。一条江流，几程行路；一肩明月，两处相牵。

又想，这么多年来，对于这条江，我其实走过的还那么有限。从我老家鸡街往下——确切地说是从河门口往下——的江流，我还没有走过。而从县城往上，我之前也只走到过漾江镇的普坪村。普坪我一共去了两次，一次是 2003 年春天单位里去下乡，那时候普坪还属于双涧乡，后来乡镇撤并，原双涧乡和原脉地镇才合并成为现在的漾江镇；另一次是 2010 年吧，县文联组织采风活动，时间是 8 月，正值雨季。入秋的普坪坝子，秋色初染，美丽如画。山下的江水则洪流滔滔，江声隐隐。

就在我的这篇文字写到将要收尾的时候，正逢着三月街民族节放假，几个好友约着，说去剑川的沙溪古镇走走。边上的剑湖，便是漾濞江流出的地方。车子出了县城，一路溯江往里，穿过漾江镇，沿着平甸公路（从漾濞平坡镇到剑川甸南镇）向西北而进。一路上，开不尽的野蔷薇和桐子花。花开漫漫，村舍静美。一江流水在路下时隐时现，时而缓缓，时而汤汤。隔着车窗，我的目光一路追着江水而行，心底里，慢慢涌满了那种有若朝圣般的端肃和安宁。

车子走了 4 个小时，到达沙溪边上的剑湖，便是漾濞江出发的源头。江在这里还不叫江，叫“沙溪”。去到沙溪的当晚，我们在青石铺地的古镇上走了一回。在一间名叫“古镇人家”的店吃晚饭，店家同时经营着客栈和饭馆，客人特别多，店家忙不过来，我们一直等了一

个多小时。第二天早起吃过早点，穿过古镇的石板街，去到下面的溪边。溪边岸上修了一片宽阔的场地，两岸绿柳轻拂。往下数十步，溪上那座我在不知多少照片中曾一再看到过的古旧的石拱桥安静地出现在了眼前，在清晨阳光的斜照下，半圆的桥墩与水中的倒影一起，合成了一个柔和的圆。紧接着古桥的是一座双拱新桥，一直连接到对岸。看着这流水时，我内心里感觉到一种轻微的恍惚，仿佛洞穿时光，看见那一段未曾谋面的前世；又像是剥开世事，看见那一怀最初无染的原真。

一个时尚的女孩牵着毛毛狗在柳树下遛。一些学生样子的年轻人各自坐着或站着在画画。有两个年轻人坐在岸上，安静地相依着。一个中年男子在对岸的田野里劳作，手中的锄头一次次高高举起，又一次次用力地挖下。在他近旁的是春天的田野，田野后面的背景是一片青瓦的村庄。

剑湖是第二天离开的时候看见的，在大丽高速公路的下面，一大片安静的碧蓝的水。时间是中午，阳光下的水面和天空一样明净，泛着淡淡的波光。

江畔古街

唐标铁柱往事：从初唐到盛唐的漾川风云

“唐标铁柱”战事是唐王朝与吐蕃在西南边疆争夺战争中最辉煌的一次胜利，它有效遏制了吐蕃势力的扩张，稳定了唐初西南边疆的政治局势，推进了西南各民族的团结和祖国统一的进程。它不仅对于云南历史来说有着非同寻常的意义，就是对于中国历史进程和边疆开发而言，亦是一个意味深长的历史符号……

游览昆明大观楼，都会在大观楼门楼前，驻足观赏清朝乾隆年间名士孙髯翁所作的大观楼长联。孙髯翁此联共180字，被誉为海内外第一长联，当中回望了云南数千年的往事，并概括出“汉习楼船，唐标铁柱，宋挥玉斧，元跨革囊”等四件对云南影响深远、意义重大的历史事件，而其中所言“唐标铁柱”之史实就发生在漾濞。

唐九征，唐代卓越将领，生卒年月不详，大约生活在唐中期至盛唐时期。按明代诸葛元声著的《滇史》卷四记载，当年唐九征率唐军大破吐蕃军队，“俘其魁帅以还”，但“朝廷不能时加褒赏”，直到“左拾遗呼延皓论之，乃加九征朝散大夫，拜侍御史，赐绣袍、金带、宝刀，累迁汾州刺史”。

时光穿越回7世纪初期，青藏高原出现了一个叫松赞干布的传奇英雄。他金戈铁马，一举统一了青藏高原诸部，建立起强盛的

唐标铁柱遗址

吐蕃奴隶制政权。随后吐蕃政权向周围地区迅速扩展，锋芒直指云南北部地区。唐永隆元年（680 年），一路攻城略地的吐蕃军队开始进入洱海地区，“由是西洱诸蛮皆降于吐蕃”，严重威胁着唐王朝对西南地区的统治。

吐蕃军队在洱海地区的节节胜利，引起了唐王朝的极大震动，唐王朝当然不会坐视吐蕃控制洱海地区，即派军队进入滇西，以遏制吐蕃南下。这样，为了争夺洱海地区的控制权，唐王朝与吐蕃展开了激烈的较量。在西南对吐蕃的战争中，唐王朝取得最大的也是最重要的一次胜利，就是著名的唐九征打败吐蕃“立铁柱以纪功”的“唐标铁柱”史事。

武则天垂拱元年（685 年），唐王朝在多年对洱海地区失控后，再置姚州都督府，争取洱海地区臣属吐蕃的各部落。武则天垂拱五年（689年），原来归附吐蕃的浪穹诏主傍时昔率所属25部背弃吐蕃，归附唐朝。唐王朝立即任命傍时昔为浪穹州（今洱源）刺史，“令统率其众”。武周长寿三年（694年），洱海地区首领董期又率所属部20000户归附。接着，洱海和四川盐源地区各部落相继归附唐朝，吐蕃的南翼遭到巨大的失败。为了挽救这一不利局势，不甘心拜下风的吐蕃，对洱海地区又发动了一轮大规模的进攻。这次是赞普都松芒布结亲自挂帅出征，决心一举拿下滇西地区，控制南方丝绸之路，以夺取更大的政治经济利益。

周武则天长安三年（703年），吐蕃赞普都松芒布结亲自统领大军征战洱海地区，先是攻下绛域（丽江）地区，获得一个稳固的后方基地，接着挥师南下。但越接近洱海地区，受到亲唐部落的抵抗越激烈。704年，吐蕃军队再次降服三浪诏（即浪穹、邆赕、施浪）后，沿今天的洱源乔后、炼铁一线，长驱直入样备诏（蒙巂诏）。吐蕃军队一路受到了当地部落武装的激烈抵抗。据说都松芒布结即战死在今天苍山西麓的漾濞石门关附近。

都松芒布结，又名赤都松赞，《新唐书》作器弩悉弄，松赞干布曾孙，是吐蕃王朝第35任赞普，生年不详，676年至704年在位。为吐蕃王朝最强盛时期的国王。藏史中对他的评价甚高：“年虽幼冲，刀砍野猪，以脚绊拴扣野牛，抓提虎耳等异行，除沉深谋虑以外，加以武艺精湛，圣明远超天下一切君王，庶民黔首齐上尊号曰‘神变之王’。”但想不到驰骋疆场、能征惯战、勇猛强悍、所向披靡的一代吐蕃赞普，竟然会在河沟里翻了大船，丧生于漾濞的荒山野地。究其原因，可能是都松芒布结太麻痹大意，压根儿就没将沿途周围部落的武装放在眼里，以为这些部落武装只是一些乌合之众。

殊不知因样备诏主蒙俭反唐失败后，不得不听从蒙舍诏号令的样备诏武装，也是一支骁勇善战、久经沙场的队伍。因而当不顾兵家大忌，带领少数亲兵轻骑的都松芒布结冒险深入狭隘险峻的绝境时，当即遭到样备军队的突然袭击，猝不及防的都松芒布结中箭落马，不治身亡。之后吐蕃军队虽然占领了自古兵家必争之地漾江河谷，并在漾濞江、顺濞河的两座铁索桥头建碉楼等据点，驻军把守，但赞普的阵亡，使吐蕃军队士气大受影响，其东占洱海、南取永昌的计划也只能暂时放弃。吐蕃军队护送都松芒布结灵柩归葬于西藏芒松芒赞陵之左侧，称“拉日坚”陵。在今漾濞县城外 1 公里，距当年都松芒布结中箭身亡的石门关口 10 公里远的普光寺，大雄宝殿中供奉有一尊西藏喇嘛模样的睡佛，相传就是赞普都松芒布结的化身。据当地的老人讲，新中国成立前，常常有来自藏区的僧侣信众前来朝觐。

虽然都松芒布结阵亡重挫了吐蕃军队的锐气，吐蕃势力却并未退出洱海地区。唐神龙元年（705 年），摄监察御史李知古上书朝廷：“姚州诸蛮（即西洱河诸蛮）先附吐蕃，请发兵击之。”朝廷便命令李知古征调剑南兵前来西洱河地区讨伐。李知古在洱海地区“筑城堡，列州县”，摆出一副要与吐蕃长期对垒的架势。不幸的是李知古是一个头脑简单、行为粗暴、不懂谋略，又好大喜功的没有政治智慧的赳赳武夫。他不但横征暴敛，加重洱海地区人民的税赋，并诛杀自己先前已经接受其投降的邓赕诏主，把他的子女降为奴婢。于是引起其他“豪酋”——当地部落首领的恐惧和怨恨，相率反叛，并引吐蕃兵攻杀李知古，用他的尸体祭天。

唐中宗景龙元年（707 年），重新归附吐蕃的部分姚州部落与吐蕃军队联合进犯四川南部，唐王朝下诏灵武监军右台御史唐九征为姚嶲道讨击使，率军征讨吐蕃。唐九征在姚州（今楚雄姚安）大破吐蕃军队，接着又乘胜追击，将吐蕃军队赶出了洱海地区。吐蕃败军沿着后来被称作博南古道和茶马古道之路向滇西北方向溃逃，唐九征继续跟踪追击，且“累战皆捷”，打得十分顺手。

但在今天漾濞江河谷的县城至平坡大合江、小合江一带，

吐蕃军队凭借险要的地势和坚固的城垒，同唐军激烈对峙，战斗打得异常惨烈，双方伤亡都很惨重，无数的唐军将士和吐蕃士兵战死在这片狭长的河谷地里，以致血流成河、尸积如山。最后，唐朝军队终于取得了决定性的胜利。吐蕃“魁帅”（首领）带领残余人马弃城而逃，唐军继续紧追不舍，追到永昌（今保山）一带，活捉了“魁帅”和他的3000部属才转回来。唐九征击溃吐蕃军队后，为了切断吐蕃与洱海地区的交通，恢复秦汉以来中央王朝在洱海地区的统治，不仅焚毁了吐蕃在当地建筑的城垒，又下令部下拆除漾濞江、顺濞河上的两座铁索桥。在凯旋之际，为了“纪功”，更为了表明这片土地已重新纳入了大唐王朝的版图，纪念和抚慰在这场战斗中为国捐躯，长眠于这片为当时中原人谈之色变的所谓“蛮烟瘴雨”的蛮荒之地的唐军将士，唐九征依仿东汉以来相沿成袭的做法——汉光武帝刘秀派伏波将军马援率军平定了交趾（位于今越南境内）叛乱，并在其地立铜柱纪功，标记为汉朝最南方的边界——命兵士以拆卸下来的桥的铁链为材料铸炼成铁柱，立于漾濞县城附近下街竹林寺一带。

还应提一句的是，据历史记载，当时吐蕃在洱河之势力，是以浪穹（今洱源）为根据地的。按照方国瑜先生的考证和观点，唐九征击败吐蕃于漾濞江，断其通西洱河之路，也就是进龙尾关的道路，然而未必就攻克了浪穹，浪穹仍被吐蕃占据。其依据是“至天宝十载鲜于仲通出兵攻南诏时，《南诏德化碑》说‘赞普观衅浪穹’”，由此则可知浪穹仍“为吐蕃前哨阵地”。实际上，从随后洱海地区狼烟四起的“六诏争雄”过程中，我们都不难看到吐蕃的重大作用和深刻影响。而唐王朝之所以支持蒙舍诏吞并洱海地区，就是为了要让其来制衡吐蕃。而因此崛起的南诏政权，在与唐王朝发生矛盾和冲突的时候，同样经常挟吐蕃以自重，不断警告唐王朝。如第一次天宝战争时，阁罗凤就遣使对率大军前来兴师问罪的鲜于仲通威胁说：“今吐蕃大军压境，若不许，当归命吐蕃，云南之地非唐所有也。”由此可见，吐蕃势力一直都存在于洱海地区周围，并随时虎视眈眈地窥伺着洱海地区。进一步说，唐九征击败吐蕃班师后，由于他并没有将吐蕃势力彻底赶出洱海地区的周边范围，漾濞的战略地位并没有发生根本的变化，漾濞这个小小的弹丸之地，仍然是夹峙在先是唐王朝与吐蕃之间，后是南诏与吐蕃之间的一个前沿要塞和阵地，具有重要的战略地位和军事价值。

唐标铁柱遗址

唐九征所立的“唐标铁柱”，作为唐王朝实际经略云南的标志和象征，历来受到史家的重视，以致有人这样形容说：“唐标铁柱”的实质意义就像是一把锁，它的具体位置在哪儿，即意味着当时大唐的统治疆域和势力范围实际上就已经延伸到达了哪儿。事实也是这样，唐九征立“铁柱”的目的，除为了纪功外，还具有界碑的作用。据记载，建造铁柱时，

在柱身或基座上镌刻有疆界地图、地理情况、战争概况。“唐标铁柱”事件发生后很多年，吐蕃与唐朝争议“蛮中”即洱海地区的权属问题，唐德宗就反复以“唐标铁柱”上州图、地记为依据，来证明洱海地区早就归属唐王朝。唐九征在此立铁柱为界碑，把漾濞江以东等地重新纳入唐朝统治管辖范围，与唐初西南局势相吻合。

“唐标铁柱”战事是唐王朝与吐蕃在西南边疆争夺战争中最辉煌的一次胜利，它有效地遏制了吐蕃势力的扩张，稳定了唐初西南边疆的政治局势，推进了西南各民族的团结和祖国统一进程。而且与过去的征讨相比，这次军事行动，更进一步深入到洱海等滇西地区。概而言之，诸葛亮、史万岁、唐九征等先后远征云南的一系列军事行动，使中央王朝的实际统治自东而西深入云南，最终影响云南全境，为南诏的崛起创造了积极条件。

唐九征是一位对云南历史和西南边疆历史都产生过深远影响的重要历史人物。唐九征对漾濞的影响，更是无法回避和绕过的。当年他挥师穷追猛打吐蕃的虎狼之师，一举在漾濞江畔击溃吐蕃军队的赫赫战功，并在当地立集“纪功”和“标界”为一体的“铁柱”的举措，使漾濞第一次彪炳史册，不仅使“漾濞”二字纷纷载入了

唐标铁柱遗址所在的竹林寺

《大唐新语》《旧唐书》《新唐书》《资治通鉴》等重要历史典籍，而且还为漾濞赢得了一个世界之最，这就是被《大唐新语》卷十一所记载的“时吐蕃以铁索跨漾水濞水为桥，以通洱河”的“铁索桥”，被长期致力于中国科技史研究、被誉为“20世纪的伟大学者”的英国剑桥大学李约瑟博士所著的《中国科技史》考证为全世界关于“铁桥”见诸文字的最早记录。

今天，当我们漫步在山川秀丽、涛声如梦的苍山漾水间，再来追寻、回望已经湮没在历史深处的“唐标铁柱”往事，仍然令人心潮起伏。尽管历经千百年岁月的磨砺和漫漫时光隧道的过滤，历史删除了几乎所有生动鲜活的细节，漾濞河谷的那场惊天动地、血流漂杵的鏖战，如今只剩下一个尘封已久的遥远而模糊的传说和记忆。

世道沧桑，恰如孙髯翁所慨：“伟烈丰功，费尽移山心力，尽珠帘画栋，卷不及暮雨朝云；便断碣残碑，都付与苍烟落照。”而唐九征曾经在漾濞江边所立的“铁柱”，它不仅对于云南历史来说有着非同寻常的意义，就是对于中国历史进程和边疆开发而言，亦是一个意味深长的历史符号……

漾江河谷

蒙官村的时光碎片

以蒙官村为诏府的样备诏前后只存在了62年左右，经历了4代5任诏王。昙花一现的样备诏，在波澜壮阔的中国历史长河里，只是一朵小小的浪花。然而对于云南的历史发展、对于西南边疆历史走向而言，蒙巂诏，以及由蒙巂诏演变而来的样备诏，却是一个绕不开的存在。蒙巂诏和样备诏的兴亡，不只深刻影响了当时云南地区、西南地区的历史进程和走向，进而极大地左右了唐朝与南诏、与吐蕃的关系，而且还深刻影响了中国唐宋时期的历史进程和格局。

一

站在平漾公路上的十家村前南眺，隔江有一片西北高东南低，呈狭长形的坝子，在坝子的中间，坐落着一个历史悠久的古老村落，这就是样备（漾濞）诏王城遗址蒙官村。从山川形胜上看，这片背靠群山起伏、坡陡箐深的老和尚山，面朝高插云天、诸峰峥嵘的点苍山，前有波涛滚滚的漾濞江，东西各有沙河和柏木铺河，相对比较平旷的河谷地带，可谓“进可攻，退可守”，是冷兵器时代建立攻防结合军事堡垒或城池的理想之地。

正是由于坐落于漾濞江西岸的蒙官村，拥有优越的地理位置和地形优势，在1300多年前的唐朝前期洱海地区“六诏争雄”的时代，此地当仁不让地成为样备诏的王城。

在蒙官村，只要你走进村子打听村子的过去，所遇到的，不管

遥望蒙官村

是白发苍苍的老头老太，还是二三十岁的青年男女，都能讲出不少村子里的传说和故事，还能指点着告诉你，村子东边的那坝绿油油的良田，曾经是古代的演武场，演武场进口处曾有两礅大长条石砌垒的呈门状排列的旗杆台，长条石下半截埋得很深，上半截高出地面一米四五。演武场右侧从山脚到河沙坝的那条长约一公里，地势明显高出两侧田地的道路，曾经是当年军队训练骑射的跑马箭道，以及村子里蒙氏祖祠前曾有的一块很大的踏歌场地。可惜时过境迁，如今这些设施已难寻旧迹，只有村中的蒙氏祖祠和村子背后山坡上的土主庙似乎还在。这里之所以说“似乎还在”，意思是其已非原来的模样了，只剩若干聊胜于无的历史陈迹。而且这种历史陈迹还是劫后重新寻找回来的。其原状原貌，早就在 20 世纪 50 年代初的历次运动中破坏殆尽，20 世纪 80 年代初以来的零星重修，亦不能修旧如旧、恢复原貌，更多的只是一种供人缅怀和凭吊的象征意义的建筑而已。

尽管蒙官村的男女老少，都略微知道一点他们的村子和脚下的土地，曾经有着不平凡的过去，却也仅仅都是听祖辈

们口耳相传听得一二罢了，就是村子里那些能读会写、熟悉地方掌故的已届耄耋之年的老学究，对自己村子遥远的过去，事实上也语焉不详、不甚了然。蒙官村的历史依然云遮雾罩、谜团重重。

一个秋雨迷蒙的傍晚，我撑着伞独自来到位于蒙官村后面坡上，相传始建于南诏时期的土主庙。在又一次仔细观瞻佛台上这尊被称为蒙圣老祖的塑像的时候，当地关于这尊土主老爷的民间传说不禁又浮现在眼前。相传，很早的时候，这村里出了一位蒙将军。蒙将军勇猛过人、能征惯战、屡建奇功，深受皇帝的喜爱。一次恶战归来，大破敌军的蒙将军受到皇帝召见。皇帝问他想封个什么？这时又累又饿的蒙将军就用家乡话回答说："作作事！"意思是肚子饿了要吃饭。皇帝却误听成"你找死"，于是龙颜大怒，当即命武士将其推出去斩首。屈死的蒙将军的一缕冤魂，夜夜飘进皇宫，缠着皇帝讨要公道。皇帝后悔已迟，只得封他为"蒙圣老祖"，打发他回原籍保境安民。当晚，村中的老人得到蒙圣老祖托梦，就修建了这座土主庙，供奉蒙圣老祖。

我反复玩味着这个早已耳熟能详的民间传说，忽然鬼摸头似的，脑海里一激灵：这个蒙圣老祖的遭遇，同样备诏那位叫照原的诏王，何其相似啊！这一"发现"如果可以成立，那么杀害蒙将军，又敕封他为"蒙圣老祖"的"皇帝"，不就是那个被传说深深隐藏在历史迷雾里的南诏王皮罗阁吗？

难怪蒙官村虽然将皮罗阁、阁罗凤和蒙圣老祖都尊奉为蒙氏祖先，却将他们的神像分别供奉在不同的地方，即将皮罗阁、阁罗凤父子的神像供奉在村中的蒙氏祖祠堂，而将蒙圣老祖的神像供奉在村后山坡上的土主庙。想必后世诏民们对那段历史恩怨自是心中有数的，皮罗阁杀害照原，是出于霸占他的土地和人民的需要，而敕封已经做了地下鬼的老诏王为神，乃是出于笼络其部属的目的。说穿了，两手其实都只不过是夺取政权和巩固统治的惯常手段而已。

由于对地方历史文化的浓厚兴趣，多年来我都一直关注着蒙官村这个表面似乎很普通，实际上却不知隐藏了多少秘密的地方。为了探索蒙官村尘封在岁月深处的历史，我曾一次次来到蒙官村，或特意走访某位老人，或随便和村民们闲聊一阵，或独自在村里村外漫无目的地走走转转，有时干脆就一个人静静地躺在村子上边的山坡上，仰头看着高远的蓝天和悠悠移动的白云，在安静中一遍一遍回望和抚摸蒙官村那段早已湮没在岁月深处的历史碎片……

二

样备（漾濞）诏的前身蒙嶲诏，初建诏于蒙舍川（今巍山永建北部的碗成村），与南诏的前身蒙舍诏同处一个巍山坝子。按唐代杜佑《通典》卷一百八十七的说法，隋唐以前，洱海地区有数十个“各占山川，不相役属”的部落。后来，为争夺土地、人口和财产，展开了激烈的相互攻伐，到唐朝前期，形成六个或八个较大的政治、军事实体，称为“六诏”或“八诏”，而当中有两诏无足轻重。由此，洱海地区进入了史学所说的“六诏争雄”时代。漾濞就归属于六诏中的蒙嶲诏。

樊绰《蛮书》卷三曰“蒙嶲诏最大”，疆域居六诏之首。又卷五曰：“蒙舍诏北有蒙嶲诏。即阳瓜州也，同在一川。”也就是说，这两个诏同在一个坝子。蒙嶲诏统治的范围包括今天的巍山北部、永平一部和漾濞大部。由于漾濞江流域占了蒙嶲诏的大半壁江山，蒙嶲诏同时又被称为与漾濞江同音的“样备诏”。唐高宗咸亨三年（672 年）正月，已受唐王朝封为领阳瓜州刺史的诏主蒙俭，在吐蕃的怂恿下，为首纠集和舍等部落酋长起兵反唐，进攻姚州。这次所谓的“犬羊（唐对蒙俭之蔑称）大扰”，规模不小，洱海地区不少部落都被卷入，破坏很大，给唐朝的打击也比较沉重。经过这次战乱，唐朝设立管理云南的机构姚州都督府“遂废”。

为了平息这次“灾我城邑，延我平民”（见《王仁求碑》）的重大叛乱，唐王朝先后派遣梁积寿、李忠义等将领进行征讨，前后共调集了 20 万大军，并令安宁酋长、河东刺史王仁求部、云南国诏张乐进求所部，以及蒙舍诏细奴罗、罗盛父子所部的部落武装进行配合作战。经过“战逾百里，历时三朝，前后生擒四千余人，斩首五千余级，诺没弄、杨虔柳等殒死行阵”（见骆宾王《露布》）的激烈战斗，唐王朝取得了决定性的胜利，叛乱一方则阵亡的阵亡，被俘的被俘，投降的投降，“惟蒙俭脱身挺险，负命穷山”，也就是逃到漾濞江流域这个山高谷深、易守难攻的偏远地方避祸。这样，损兵折将、遭到重创的蒙巂诏政权，不只丢失了蒙舍川（今巍山坝子）的肥沃土地，更重要的是让自己的竞争者——蒙舍诏因此获得了唐朝的全面信任和支持，进而取代自己成为洱海地区的霸主。

经过此次战争，六诏中力量最强大的蒙巂诏衰落了，而人少地狭的蒙舍诏，正好抓住这个千载难逢的发展机遇，励精图治，逐渐强盛起来。这次反唐失败，成为蒙巂诏命运的根本转折点。然而，就漾濞江畔的蒙官村而言，蒙俭避祸于漾川大地，并在这里重建诏王城。可谓迎来了自己最辉煌的历史时期。虽然实际上，如前边已有所提及的，由于漾濞区域原来就占了蒙巂诏的半壁江山，早在蒙俭兵败奔窜到来之前，蒙官村就已成为蒙巂诏在漾川统治的军事、政治、经济和文化重镇，但那时顶多只属于一个“陪都”而已。如今，当蒙巂诏的势力收缩到漾川后，随着地位升格为蒙巂诏的诏府，蒙官村名副其实地成了蒙巂诏的“心脏”和“大脑”。这样，蒙巂诏的诏名，也就渐渐被“样备诏”完全取替。因而，唐咸通十一年（870 年）前后，定边军节度使窦滂撰《云南别录》，内载：“六诏：曰蒙舍，曰蒙越，曰越析，曰浪穹，曰样备，曰越澹。”里面就只有“样备”诏，而没有蒙巂诏。

蒙巂诏的统治区域退缩到漾川后，已处于日薄西山、奄奄一息的状态。尽管当年的漾川大地森林茂密、河流纵横，山上飞禽走兽极多，林中野菜野果遍地，河里沟箐鱼虾成群。尤其是在这块地肥水美的土地上，农业和畜牧业都较为发达，是一个休养生息的好地方。但元气大伤的样备诏的统治者，已没有了东山再起的雄心壮志，更缺乏为恢复昔日疆土和光荣而卧薪尝胆之奋斗精神。不久，蒙俭死去，诏主由巂辅首继任，巂辅首死后，因他没有儿子，便由

倚山面水的蒙官村

其弟弟佉阳照继位，佉阳照死后又由其子照原继位。

照原在位时期不明，大约处于唐玄宗时期。从有关碑文资料和民间传说推测，照原本来可能是一个聪明能干、武艺超群的杰出诏王，可惜生不逢时，接手的只是早已丢失得差不多的残山剩水，难以施展自己的抱负和才干。更令照原英雄气短的是，虎视眈眈盯着样备诏的强邻——南诏，此时已占尽天时、地利、人和的诸多优势。样备诏与之对抗，无异于以卵击石。因而他除了不得不听从其号令外，还被迫将自己年幼的儿子送去南诏充当人质。后来，也许是忧愤过度的原因，回天无力的照原屋漏偏遭连夜雨，不幸双目失明。

至此，南诏不战而胜，照原和他的国家，成了皮逻阁的第一个战利品。此即为史书所载：照原眼睛失明后，当时其未成年的儿子原罗在南诏当人质。南诏王归义（皮逻阁）有兼吞其国之意，采纳清平官张建成“推恩啖利”的建议，把原罗放还蒙巂诏，国人立原罗为王。数月后，蒙舍诏指使人杀死照原并嫁祸于原罗，将其驱逐，由此而实现了对样备诏的吞并。此约为736—738年之事。

以蒙官村为诏府的样备诏前后只存在了62年左右，经历了4代5任诏王。昙花一现的样备诏，在波澜壮阔的中国历史长河里，只是一朵小小的浪花。然而对于云南的历史发展、对于西南边疆历史走向而言，蒙巂诏，以及由蒙巂诏演变而来的样备诏，却是一个绕不开的存在。蒙巂诏和样备诏的兴亡，不只深刻影响了当时云南地区、西南地区的历史进程和走向，进而极大地左右了唐朝与南诏、与吐蕃的关系，而且还深刻影响了中国唐宋时期的历史进程和格局。蒙俭反唐失败后亡命漾濞江畔的蒙官村，既为南诏统一洱海地区扫除了一个最大的劲敌，更为南诏赢得唐王朝的信任和支持送上了一份丰厚的大礼。

如果说唐王朝前期，中央王朝对洱海地区的经营治理，是采取所谓“以夷治夷”的平衡战略的话，那么随着以蒙巂诏为首的洱海地区“反唐”势力被平定，唐王朝终于下定决心扶持南诏，支持她统一洱海地区，以对抗吐蕃，南诏才乘势崛起，建立了强大的南诏政权。以至在唐朝中后期，与唐王朝、吐蕃上演了一场旷日持久的“三国演义”，直至最后搏杀得“三败俱伤”，先后都退出了历史的舞台。

倘若有兴趣深入考察，我们不难发现，六诏中疆域最大、盛极一时的蒙巂诏之所以“其兴也勃焉，其亡也忽焉”，除了“久合必分，久分必合”的历史发展的大势外，也与蒙巂诏自己的严重失误密切相关。这就是缺乏政治眼光和政治头脑的诏王蒙俭，由于错误判断形势，冒险发动了对唐朝的进攻。蒙俭为这一极其不明智的行为，付出了惨重的代价，同时也使蒙巂诏最后只能退守漾川，诏名随之变成了样备诏。

退守漾川的蒙巂诏（样备诏），在漾川山高谷深的崇山峻岭中勉力维持了五六十年，先后经历了蒙俭、嶲辅首、佉阳照、照原、原罗五任诏王。终致国破家亡，被先前“同处一川”、实力远不如自己的南诏吞并。有一点尤其值得注意的是，正如上边所提到的，样备诏的灭亡与其他四诏是有所不同的。别的诏是被武力攻陷夺取的，而样备诏则是通过“推恩啖利”——也就是收买部属，然后进行“宫廷政变”的方式被“颠覆”的。

三

在蒙俭将王城迁移来之前，蒙官村的城池就已经存在。样备诏灭亡后，蒙官村的城池亦没有被毁弃，而是继续作为南诏治理漾濞江流域的政治、经济、军事重镇。如在一百多年后的晚唐时期，因战争流落云南的成都诗人雍陶，就曾有一首题为《入蛮界不许有悲泣之声》的诗，吟咏到漾濞这个位于西洱河西边的“蛮城”：

> 云南路出洱河西，毒草长青瘴色低。
> 渐近蛮城谁敢哭？一时收泪羡猿啼。

从诗人一行所走的“路出洱河西”的方向和路线上不难推断，这个“蛮城”所在的具体位置，就是今天漾濞江西岸的蒙官村。诗人离开大理洱海，往西经过下关天生桥，沿着西洱河往西一路逶迤而行，走了一程又一程，远远地望见一座城池，便更加胆战心惊起来，只得含悲忍泪，不敢啼哭号泣。由于当年唐王朝和南诏之间，连年相互征战攻伐，双方的百姓都深受其害，难免造成了内地与边疆深刻的民族隔膜，甚至隔阂。尤其是雍陶这位被战争掳入南诏的饱经忧患的诗人，自然早已系惊弓之鸟，因而见到前边出现的一个城池，反而担惊受怕，忧心忡忡起来，也是不难理解的。作为唐代亲身到过洱海地区的为数不多的内地重要诗人，雍陶另外还在漾濞石门关留下了一首题为《宿石门山居》的诗，同样准确真实、细腻生动地表达了背井离乡的诗人天涯孤旅的满腹愁绪和思乡之情，以及漫漫秋夜辗转难眠的惆怅情怀和

凄凉感受。其诗曰：

> 窗灯欲灭夜愁生，萤火飞来促织鸣。
> 宿客几回眠又起，一溪秋水枕边声。

原来同崛起于巍山坝子，无论是占据的地盘还是其经济发展水平、军事实力都远不如蒙巂诏的蒙舍诏，由于“独奉唐朝为正朔”，在唐王朝的支持下统一洱海地区，进而统一云南，直至建立了疆域广大、强盛一时的南诏国，既是历史发展的趋势，又符合当地人民结束战乱，过上安定生活的愿望，自有其合理性、必然性和进步意义。从这点上看，蒙巂诏的兴亡同样有其不可抗拒的历史和现实的客观因素。

四

蒙舍诏特别是样备诏，在苍山漾水之间的统治，小而言之，促进了这片地域上经济文化的发展与民族的融合，大而言之，为后来云南边疆的开发和发展创造了有利条件。虽然样备诏最终被南诏吞并统一，彻底淡出了历史舞台，但它的存在，亦为南诏的辉煌历史做出了重要的贡献。

另一方面，后人在凭吊蒙巂诏兴亡的时候，难免会发出这样一个也许永远也找不到令人满意答案的天问：为什么统一洱海地区的是与蒙巂诏同样兴起于巍山坝子，彼此有深厚的亲缘关系，同样为“蒙”姓，同样为今天彝族祖先乌蛮的蒙舍诏，而不是原来占据地盘最大、实力最雄厚的蒙巂诏呢？这个问题的答案，或许无法得到统一，但其中一个最关键的因素，就是蒙巂诏的诏王蒙俭，在历史的重要关头采取了错误的抉择和行动，从而葬送了自己的光荣和梦想，也将自己的部落带向了江河日下的困境、窘境和绝境。

虽然说历史无法假设，但历史也是可以合理推演的。倘若样备诏的前身蒙巂诏，不是遭遇到蒙俭这样一个目光短浅、不自量力、不识时务的冒失鬼，而是出现一个有清醒头脑，能够较好把握住历史机遇，善于纵横捭阖的英明诏王，在唐王朝与吐蕃的激烈博弈中，能够充分利用自己夹峙在两大势力之间的重要棋子作用，顺势而动，巧妙周旋，并在游刃有余、左右逢源中不断壮大，那么不难想见，不只洱海地区的历史会被改写，就是云南的历史、西南地区的历史，乃至中国的历史走向都会被改写。今天我们知道，唐朝的由强盛转向衰落的关键节点，就是唐王朝与南诏大规模兵戎相见的天宝战争。倘若历史真的按照这样的逻辑发展，自然也没有了后来宋太祖赵匡胤鉴于所谓“唐虽亡于吐蕃，而祸起南诏”的历史教训，以玉斧划大渡河为界，说“此外非吾有也”的故事。大理国与中原内地，也就不会人为地隔绝几百年。从这个角度看，蒙巂诏的迅速败亡，是令人扼腕的。

如今的蒙官村，只有六七十户人家、两百多位村民，原来村子里居于主体地位的蒙氏家族，也只剩二十多户，仅占村子现有户数的三分之一。然而，作为样备诏王城遗址和南诏王族后裔——漾濞蒙氏家族的发祥地，蒙官村在漾濞本土历史和文化史上，仍占有不可忽视的重要地位。现蒙官村已被县政府挂牌为“文明漾濞建设蒙巂诏文化保护示范村”。

相信随着有关考察、研究工作的不断深入，特别是随着地下出土文物的进一步挖掘和重见天日，已经失落上千年的蒙官村历史的神秘面纱，必将被一层层揭开……

蒙官村远景

将军故里话将军

田氏三将军虽然脱颖而出于南征北战、出生入死，历经战火严峻考验的军旅生涯中，但他们之所以成为军中翘楚，并在关键时刻，充分发挥力挽狂澜、中流砥柱的重大作用，为国家和民族立下赫赫战功，并成就了自己辉煌壮丽的人生，实际上还同他们出身书香门第，善于学习，博览群书，有深厚的文化修养有关。

一

距漾濞县城七八公里的苍山西坡美翕村，有一个叫牛峰堆的山峦，上面矗立着三座将军墓。墓主人分别为田钟谷将军、田钟毅将军、田钟麒将军。其中坐落于海拔 2400 米的大牛峰堆，并排而立的田钟谷、田钟麒两位将军墓，乃是田氏族人根据两位将军生前的愿望，2012 年为之修筑的衣冠墓。而坐落于大牛峰堆下方两公里处的小牛峰堆的田钟毅将军墓，则是田夫人俞惠如女士遵田钟毅将军遗嘱，1991 年将其骨灰由成都带回，并亲自主持仪式安葬的。

背靠雄伟的苍山、面向起伏的群山的牛峰堆，是漾濞田氏家族最重要的墓葬地之一。在这块地势高览、万山朝拱的风水宝地上，长眠着三百多年来田氏家族的众多祖先。在清朝末年和民国初年那风雨如晦、兵荒马乱、列强入侵、民族危亡的动荡中国，田氏三位少小离家，满怀救国救民热情的热血青年，投笔从戎，从普通士兵开始，冒着炮火硝烟，不畏枪林弹雨，驰骋疆场，转战四方，一步一个脚印，成长为指挥千军万马的名将。令人动容的是，为国家和民族立下赫赫战功的三位将军，一生都情系故乡山水，始终牵挂着家乡的父老乡亲。尽管他们晚年，或因戎马倥偬或由于忙于政务，没有再踏上漾濞这块生养他们的土地。但在他们百年后，终于实现了落叶归根、魂归故里的愿望，同祖先们一起，永远安息在了这片美丽、宁静的山冈上。

二

民国期间，漾濞所出的田钟谷、田钟毅、田钟麒三位将军，都来自当地英才辈出的世家望族——田氏家族。田氏祖籍四川仁寿县，明末清初落籍云南大理的漾濞江两岸，三位将军均属于这个历来都有“重武少文”传统的家族第十一代“钟”字辈的叔伯兄弟。

田氏三将军中，最先走出家乡闯荡天下的是田钟谷将军。田钟谷，字长庚，号树五，生于1887年。钟谷自幼气宇不凡、沉着机智。童年时闻街坊父老们谈论家乡杜文秀回民起义旧事，便常常聚村中同龄人以习演战阵为乐，父老乡亲对他都刮目相看。1905年，18岁的钟谷借路费步行到昆明，考入方言学堂，后改修农业，又转学师范。1909年，考入云南省陆军讲武堂第一期丙班生，次年转入特别班，由李根源介绍加入同盟会。在讲武堂期间，钟谷与朱德、范石生、唐淮源、杨如轩、王均、李云鹄、金汉鼎等

同窗好友结成异姓兄弟，并在朱德倡议下成立以“拯救中华”为宗旨的“五华社”，定期相聚阅读李根源主办的以宣传民主主义，反对英法等国侵略为宗旨，广泛阐述资产阶级革命主张的《云南》杂志，讨论时局和革新事宜。钟谷的同班同学中，涌现出很多出类拔萃的人物。除朱德外，后来成为著名将帅的，有朱培德、杨池生、马鈖、金汉鼎、范石生、王均、董鸿勋、杨希闵、唐淮源、邓泰中、杨蓁等。

清宣统三年（1911 年），钟谷积极参加了云南“重九”起义，事前在校组织 21 人的核心组，任务是负责打开北门，迎接新军 73、 74 标（团）进城，攻克藩台衙门及枪械局。事后因功擢升连长。1915 年 6 月，钟谷辗转到北京，代表滇军中下级军官，密邀蔡锷回云南主持“护国讨袁”大计。同年 12 月 25 日云南宣布独立，组建护国军，护国战争打响。次年，钟谷随护国军进入四川作战，先后参加了燕子坡、横江、安边战役。特别是在叙府之白沙场战役，钟谷率兵一营，与敌战于叙府之白沙场，以数百人敌十倍之众，苦战相持数日，乃激励士兵言：“凡久战则敌我俱惫，能鼓最后瞬息之勇者胜焉，况贼众我寡，设为所窘，则歼我立尽，何若出其不意，冒死进击，或能克敌也。”次日发动攻击，枪弹如雨，炮声震天，战场上血肉横飞，将士伤亡惨重，部下仅剩八十余人。钟谷左手中弹，血流如注，犹执佩刀，驰骋疆场，自晨至暮不得取胜，乃率所部奋起冲入敌阵拼搏，直到援兵至，合力歼灭敌人，追击二十余里，孚获甚众。叙府战役护国军之胜利实取决于此。钟谷能战之名，亦由此大振天下。及后，叙府又遭攻击，钟谷率部在维科山抵御，相持竟日，军帽为弹穿数洞，仍神色自若、指挥若定，又取得胜利。旋以功升任第二支队队长。此后在四川作战四年多，大小百余战，都战绩卓著，屡功升迁至旅长，晋升中将。后来被孙中山任命为率部讨伐陈炯明的援桂总司令的滇军名将邓泰中，早在四川的时候，就曾向孙中山的秘书张佐丞极口盛赞他的这位云南讲武堂的同学，说：“滇将善战者诚众，至其劲敌果缜密，百审一发，

发无不胜，则首推将军。”

1920 年，钟谷调任云南靖国军总参谋长。1921 年 8 月，唐继尧被顾品珍驱逐，避居香港。钟谷出走两广。1922 年 1 月，唐继尧在广西柳州设立滇军总司令部，钟谷被任命为靖国军参谋长兼第二军军长。几个月后，协助唐继尧打回昆明，使其重新成为云南省主席。同年 8 月，被称为“云南革命三杰”的马骧（字幼伯），奉孙中山指示，秘密组织“云南自治讨贼军”，后因倒唐继尧事泄被杀。因马骧与钟谷系远房郎舅之亲，受牵连的钟谷在法国领事帮助下，藏匿于文件柜中，乘火车逃亡出境，先辗转到上海，后又赴广州任孙中山大元帅幕僚。1923 年 5 月 6 日，孙中山下令东征讨伐陈炯明，任命田钟谷为滇军司令，并题戎照一张：“树五司令惠存，孙文。”六月，孙中山亲自指挥，率其侍从队，登上雄鸡白翼岭督战。田钟谷、田钟麒两兄弟率领滇军 300 人参战。

1925 年 3 月 12 日，孙中山逝世于北京。滇桂战争爆发，广州政府派范石生部以“定滇军”的名义“援桂讨唐”，赴广西、云南抵御唐继尧部。钟谷应范石生之邀入桂作战。起初，范石生部在战争中不断取胜。但不久范石生军发生内讧，前敌总指挥，也是田钟谷的连襟杨蓁，被一群官兵杀害。范石生不日以治病为由去了香港，将部队丢由钟谷指挥。钟谷率军攻入滇南开远外围，遭到唐军反击，“定滇军”失利，撤入广西境内。钟谷染瘴成疾，不幸在广西百色病逝。时为 1925 年 11 月 5 日。年仅 38 岁。

云南“重九”起义和护国运动的领导者蔡锷将军临终前，很有感触地对身边的人说他“不死于对外作战，不死于马革裹尸，而死于病室，不能为国家做更大的贡献，自觉死有余憾”。没有战死疆场、马革裹尸的田钟谷，同样不无这样的无穷憾恨。正如钟谷的老上司，曾为蔡锷将军任四川省督军并署省长时的得力助手刘云峰撰文惋惜钟谷所言：“嗟呼！诵

云南陆军讲武堂旧址

杜甫‘出师未捷身先死，长使英雄泪满襟’之句，不禁悲从中来，古今如一辙也。”

三

紧随田钟谷将军走上军旅生涯的田氏家族子弟是田钟毅。田钟毅，字宝鑫，号冠五，生于1895年。钟毅年少时立志报国，曾参加同盟会。由于受新文化和革命思想的影响，钟毅与家族的传统管教颇有抵触，后背亲而出，毅然投考云南讲武堂第四期学习。1915年护国战争爆发，云南讲武堂毕业在云南陆军十二团当见习排长的钟毅，调到护国军第一梯团第二支队第一营第二连当少尉排长。1916年在四川宜宾与冯玉祥部队作战，任代理连长。1917年秋，护法战争爆发，钟毅编入第2军第2旅（旅长朱德）第3混成团第

田钟毅将军上街故居大门

顾祝同颁发给田钟毅将军的抗日荣誉证

3营（营长张汝骥），任10连连长，反攻泸州。1920年任第5混成旅（旅长胡若愚）第9团第1营少校营长，后调任第5混成旅机关枪大队任中校大队长。顾品珍倒唐后，随胡若愚率部至贵州。1921年夏，奉孙中山先生命援桂作战，代理第10团团长，升上校。1921年冬，随唐继尧回滇，率部击溃顾品珍部。1922年春任滇南镇守使补充团、陆军27团团长。同年冬援黔，隶属张汝骥滇军第10军，任黔北赤水卫戍分区少将司令。1924年援桂，任第10军第19混成旅旅长。1925年退回云南，任云南陆军第9旅旅长，在东川剿匪。

1927年春，胡若愚、龙云、张汝骥三人联合倒唐，后胡若愚、张汝骥又联合倒龙云。胡若愚任云南省主席，张汝骥任国民革命军第38军军长，钟毅任第1师中将师长兼管烟酒公卖局。后随胡、张退入四川。1929年春回滇作战，失败后，张汝骥被龙云所杀，钟毅部随胡若愚退至四川。1930年春到成都后，由胡若愚介绍，刘文辉给钟毅部24军14旅的番号，钟毅任旅长。1932年秋，四川二刘叔侄内战期间，钟毅旅和杨尚周旅守泸州，以少敌多，重创刘湘模范师，后成拉锯战。同年冬，钟毅旅和杨旅接受调停，二刘停战，刘湘主政四川，刘文辉退西康。钟毅为刘湘所延揽，任命为21军独立第2旅旅长。

1933年春钟毅旅驻防酉阳、秀山两县，钟毅兼任酉秀警备司令，旅部驻龙潭，在酉阳县剿匪，收编张少青部。1934年10月底红军2、3军团长征过酉阳，贺龙以个人名义写信给钟毅，信中讲到红军的主要敌人是蒋介石，应该联合起来，推翻反动的蒋介石政权，一致抵御日寇，拯救国家危亡，奉劝钟毅以国之大义为重，让开酉阳南部通道，让红2、3军团通过，并许不占川军地界。钟毅念及与贺龙故交，并深感多年军阀内战误国害民，对救国抗日主张也颇有赞同，于是借口秀山告急，将旅主力调回龙潭，放红军过境南下，由此红军在经过酉阳县城时，兵不血刃，没费一枪一弹。同年 11 月初，中国工农红军黔东独立师师长王光泽在突围时被当地民团逮捕，押至钟毅旅部关押。钟毅曾经设宴款待，王光泽不为所动。同年 12 月，根据蒋介石的军令，刘湘命令钟毅将王光泽秘密枪决。新中国成立后，钟毅曾就王光泽师长被害一事向贺龙当面致歉，贺龙表示“我们共产党向前看，不向后看”。

1937 年 7 月，抗日战争全面爆发。钟毅率独立第 13 旅作为川军先头部队首先出川参加抗战。同年 11 月，钟毅率部参加了刘湘的川军发起的广德、泗安战役，与日军在广泗多次激战，成功阻截了日军快速西进，掩护了中央军主力大规模西撤。1938 年初，田旅奉命到沿长江三山镇荻港至铜陵一线担任江防，兼任铜南警备司令。钟毅率部在三山、荻港与日寇多次血战，重创日军，自己损失也很大，多次在长江成功布雷，在荻港击沉兵船一艘、击伤兵船两艘，敌军浮尸江面，顺水漂流，大长我军志气，大杀日寇威风，受到军委明令嘉奖：“独立 13 旅旅长田钟毅，督率官兵，血战三日之久，英勇可嘉，记名遇缺而行升任。”蒋介石在顾祝同陪同下，亲临战地视察，与钟毅合影留念。1938 年 2 月，钟毅率部和郭勋琪部在白马山与日寇激战多日，歼灭日军千余人。

1938 年初，田旅整编为新 7 师，钟毅任中将师长，负责铜陵至贵池沿江防务。1938 年 3 月至 4 月，钟毅率部参加台儿庄战役时，曾组织大刀队与敌短兵相接，令日寇胆寒，汤恩伯在《抗日战争演义》一书中，将“田冠五旅大刀队”事迹记载其中。1938 年，新 7 师在皖南长江南岸铜陵、池州、木镇、贵池等地与日军逐城逐地激烈地反复争夺，伤亡极重，日军虽占据部分据点，一直未完全控制长江防线。1939 年冬，中国军队发起冬季攻势，第三战区发起陈家大山反攻战役，与日军争夺长江防线。钟毅率新 7 师官兵与日军激烈交战，其攻坚部队 3000 人只回来几十人。日军从南京紧急调遣大批部队增援，并出动多批飞机狂轰滥炸，勉强守住了陈家大山，但也尸横遍野，伤亡惨重。是役虽未完全拔出日军在长江南

1

❶ 上街田钟毅将军故居院落

❷ 新四军叶挺将军赠送给田钟毅将军的新四军纪念章

岸的据点，但是大大动摇了日军的江防部署，牢牢掐住了日军在长江的咽喉要道。

钟毅十分注重宣传抗日和发动群众，曾组织抗日宣传队，钟毅夫人俞惠如女士亲自担任新 7 师宣传队队长，宣传全民抗日的主张，演出抗日节目，动员群众挖防空洞，还同军队一起举行防空演习。后日军大轰炸时，由于家家都有防空洞和防炮洞，百姓伤亡较小。

1940 年 4 月，日军 116 师团和 15 师团对 23 集团军发动青贵战役。日军 15 师团主力在日空军配合下猛攻新 7 师防线，钟毅多次临阵指挥，在伤亡很大的情况下，仍然多次组织反攻。新 7 师所部田景淑团为保全军后撤，死战不退，田景淑团长殉国。田部在逐步后撤中，不断和友军在山区组织有效反攻，日军在遭到反复攻击后，很快溃退至原沿江防线，新

❷

7 师及友军收复战役前失地，皖南再次进入中日双方胶着状态。青贵战役后，日军明白在皖南山区的争夺中不占任何优势，并无力再在皖南地区发动攻势，随后日军调整战略，日军 15 师团改道浙赣线南下。

1941—1943 年，钟毅部调防广德、长兴一线，驻军大塔。在 1941 年秋的第二次长沙会战和 1942 年夏季的浙赣会战期间，钟毅率部在太湖西部和浙北地区负责协防和策应作战。1941 年皖南事变期间，钟毅因正在前线指挥对日作战，未直接参与，所属一团一营划归上官云湘指挥参加了事变。1943 年，钟毅因战功升任 50 军中将军长，兼任皖南绥靖区司令，驻鱼亭，负责皖南地区军政事务。钟毅部队所防守的皖南山区地处战略要冲，扼住长江咽喉。中日双方在此反复争夺，日军始终未能控制皖南地区。

1945 年抗战胜利后，钟毅先后升任 23 集团军副总司令、25 集团军副总司令，并任国防部中将部员。1948 年“行宪国大”召开，钟毅作为漾濞选出的国大代表参加。1948 年经李济深相邀参加民革，并回四川筹备民革。1949 年率部在成都起义。新中国成立后，历任民革四川组织处副处长、川西行署监察委员、四川省人民政府参事室参事、四川省政协委员等职务。1972 年 1 月 10 日，田钟毅将军因心脏病突发病逝于成都。

四

1915 年，在田钟谷、田钟毅两位堂兄的影响下，田氏家族又一位子弟踏上了自己 27 载精彩纷呈、可圈可点的戎马生涯之路。

田钟麒，字宝锭，号祥五，高等小学毕业。1915 年被堂兄田钟谷带到昆明投军。1920 年，已由战士升任排长的钟麒，进入云南讲武堂教导团受训，毕业后参加援桂战争，升连长，1922 年 6 月陈炯明叛变，率滇军敢死队英勇阻击叛军，因功升为营长。1923

牛峰堆山

年6月调大元帅府侍从队，在收复义和墟战斗中因功升任第10军第3师第10团团长，1924年该团官兵受驻粤滇军司令部派遣到大元帅府负责保卫工作，钟麒被任命为警卫大队队长，参加了孙中山亲自统率的最后一次北伐战争。孙先生对钟麒关爱有加，1924年8月，钟麒的母亲逝世，孙先生为田母李氏墓碑题联曰："善教储国器，克勤裕富基。"该墓坐落于美翕小牛峰堆田氏祖坟茔地，镌刻在墓碑上的孙先生题联至今仍保存完好。1925—1929年，钟麒回到云南卷入军阀混战。1930—1936年任国民革命军第24军14旅少将参谋。1937—1939年参加抗日战争，任新编第7军少将参谋长，参与了台儿庄战役和皖南保卫战，之后任第三战区顾问。1942年在江南游击挺进军第一纵队司令任内，病殁于安徽省屯溪，享年45岁。

五

品读漾濞田氏三位将军的人生历程，给人留下最深的印象是：三位将军之所以能够从普通士兵，一步步成长为叱咤风云的名将，固然有风云际会、时势造英雄的因素，然而，更重要的还是与他们本人所具备的超群的个人禀赋和远大的人生追求有关。

三位将军不仅从小聪颖过人、好学上进，而且胸怀大志、抱负不凡。解读他们的人生足迹，我们不难发现，他们是怀着一腔忧国忧民的热血，离开故乡，自觉投身于近现代波翻浪涌的时代洪流中的。他们通过刻苦攻读、广泛交友，不断接受新思想、新观念的洗礼，同时积极在实践中磨砺自己，锻炼成长，最终成长为文韬武略、出类拔萃的"人中之龙"。

特别值得注意的是，他们虽然脱颖而出于南征北战、出生入死、历经战火严峻考验的军旅生涯中，他们之所以成为军中翘楚，并在关键时刻，充分发挥力挽狂澜、中流砥柱的重大作用，为国家和民族立下赫赫战功，并成就了自己辉煌壮丽的人生，实际上还同他们出身书香门第，善于学习，博览群书，有深厚的文化修养有关。田钟谷将军熟读中国古代兵法，早在他在四川带兵征战的时候，就欲编辑一部《诸子兵略》，然而将军英年早逝，最终只留下无法弥补的遗憾。而一生都以"在人的行为中，最要紧的就是学习"为座右铭的田钟毅将军，业余爱好就是读书、习字和狩猎三件事，他除著有由商务印书馆出版的《论孙子兵法十三篇》等军事著作外，还擅长书法和撰写楹联。钟毅驻防浙北期间，在张岭战场原址为抗战阵亡将士修建大型墓园时，他亲自题书碑亭楹联曰："赤心报国，赤血涂身，誓扫胡氛卫赤县；青山埋骨，青史流芳，永存浩气贯青天。"又在亭柱上再题楹联道："长岭云封，合溪雾拥，太湖月冷，槐坎风凄，古来征战几人回；大勇大仁，为雄为鬼，千载如生，一瞑不视，梦里乡关何处是。"堪称名副其实的"儒将"。

尤其可贵的是，三位将军还有一些共同的特点，就是有信仰、有风骨、重气节、讲操守。他们的人生目标和理想，都是立志做大事，而非

孙中山大元帅给田钟麒将军母亲墓题衔及对联

做大官。当年的田钟谷，如果仅仅为了个人升官发财，就不会矢志不渝地倾向民主、追求进步，并积极追随除了个人威望，没有多少实力，备受军阀排挤的孙中山先生。这样他也不会与直接掌握着自己前途和命运的顶头上司，一心只想做“云南王”和“东大陆主人”的唐继尧发生矛盾和冲突，并不惜为此抛官弃职，只身出逃。

抗日战争初期，田钟毅同样不为蒋介石的拉拢利诱所动。1937 年 7 月，田钟毅率独立第 13 旅作为川军先头部队首先出川参加抗战。被派到湖北襄阳凡城、老河口接防上官云相。

蒋介石认为田钟毅部原来是滇军，所以想从田部入手分化川军，派副官坐专机降落老河口机场，劝田钟毅随机返回南京接受蒋介石召见。田钟毅对蒋介石在民族危亡之际还在搞军阀内战的手段很不以为然，坚决不为所诱，婉言推脱，坚持不能越级受命，只接受刘湘的军令。正是由于没有投靠蒋介石这棵大树，抗战一结束，非蒋军嫡系的 23 集团军 50 军番号就被裁撤，田钟毅被调任为无兵权的 25 集团军副总司令。对此鸟尽弓藏的手段，田钟毅坦然处之，并不后悔。

还有田钟麒将军，之所以追随孙中山先生，同样是基于与其堂兄田钟谷有着相同的选择，都是出自对孙中山“天下为公”品德、胸怀的崇敬和对国父的三民主义的赞同。

当然，倘若进一步深入考察，我们也会发现，虽然田氏三位将军的人生，都堪称辉煌灿烂、可歌可泣，但其最令人感喟和缅怀的地方，还是略有差别的。

首先来看田钟谷将军。他最大的特点和最可贵的品质就是心忧天下，紧跟历史潮流。从辛亥革命、护国战争，到护法战争，以及到第二次护法运动，他都始终站在时代前列。清朝末年，田钟谷以推翻腐败无能的清政府，结束两千多年的帝制为目标。清宣统皇帝退位后，田钟谷就以拥护中华民国，消灭军阀，图谋民生幸福为己任。为此他积极追随孙中山先生，坚决拥护孙中山先生的政治主张，并深得孙中山先生的信任和倚重。曾被孙中山先生寄予厚望。可惜天妒英才，壮志未酬。

再来看田钟毅将军。田钟毅年少时即立志报国，在风云际会之时，毅然投身军旅，从护国战争、护法战争一路打下来的历史都是流光溢彩、可圈可点的。然而在田钟毅三十余载戎马倥偬、冲锋陷阵、身经百战中，最令人肃然起敬的地方，是其在 8 年抗战期间的出色表现。他率川滇子弟，在皖南抗日前线，反复与日寇短兵相接，不畏牺牲，浴血奋战。而且作为高级将领，田钟毅不只治军严格、指挥沉着，多次被国防部通令嘉奖，还经常在前线枪林弹雨中

临阵指挥作战，以血肉筑长城，为中国人民赢得抗日战争的胜利立下了不朽的功勋。

至于田钟麒将军身上最闪光的地方，除了追随孙中山先生外，亦是抵御外辱、抗击日本侵略者这段光辉的人生历程。特别是他在抗日战争最艰苦的阶段积劳成疾，竟病亡于抗战前线，为抗击日寇献出了自己正值壮年的生命，更令人格外痛惜，嘘唏不已！

六

早年离开故乡，投身军旅的田钟谷、田钟毅、田钟麒三位将军，对漾濞这片明山秀水、对家乡的父老乡亲、对故园的风土人情是时刻牵挂和由衷眷恋的。

田钟谷在昆明任云南靖国军总参谋长的时候，一天接到卫兵的报告说，一位自称是其乡邻的青年来投奔他。也许是类似的事情太多的缘故吧，他开始吩咐不见。这位青年便站在大门前，用漾濞粗鲁的话大声武气吼骂他。他隔窗听到后，反而惊喜地对卫兵说，这就是老家地道的骂人话啊！这家伙真是我家乡来的。于是马上叫卫兵出去将这个青年请进府里，对老家的情况问长问短，并将其留在自己身边做事。

抗日战争胜利后不久，人还在安徽皖南远方，刚抖落一身硝烟的田钟毅，就立即关心起家乡的文化进步，先后捐赠给漾濞民众教育馆《万有书库》和《二十四史》各一套，同时向漾濞中学捐赠一套《万有书库》和康熙字典等两千多册各类图书以及二十多种报刊。

田氏三位将军在漾濞老家，都建盖有自己的府第，梦想着老来解甲归田的时候，回到这方青山绿水里含饴弄孙、颐养天年。遗憾的是三人都没能实现落叶归根的愿望。田钟谷、田钟毅的院落房屋尚在，而且布局上保持着原貌。现在，当地政府已将坐落于来龙巷中段田钟毅将军的二进三坊一照壁两漏阁府第，作为“名人故居”进行了修复。但位于今天古城东边入口处下方的田钟谷将军四合院带后花园的故居，仍然被几户人家分割占据着。夕阳下，这院昔日雕梁画栋、飞檐翘角的将军府第，显得破落、颓败，给人一种无尽的沧桑感。只有大门前石阶下的那眼百年老井，依旧一年四季汩汩冒着清澈的泉水，仿佛在日夜倾诉着对一去不复返的主人绵绵不绝的思念……

千里滇缅第一桥

1942 年初春，远征军 10 万将士通过漾濞江桥，金戈铁马滚滚西去，杀奔缅甸战场，与英军共同抗击日军。车辚辚，马萧萧，将士刀枪各在腰，尘埃不见漾江桥！那是一个多么振奋人心的场景，漾濞各族各界父老到江边送行，以壮行色。在那些日子里，漾濞桥上车流如织，昼夜不息。漾濞江咆哮了，漾濞江峡谷沸腾了，一座普通的桥梁，承担起了抗日救亡的历史重任！

一个秋风萧瑟的早晨，我特意登上横跨在漾濞江上的河西大桥，去追忆一段渐行渐远的艰难岁月，复原一条日渐消失的钢铁运输线和一座被人们渐渐淡忘的钢铁桥梁……

脚下这座大桥上游十余米处，原有一座雄伟的跨江钢缆吊桥，漾濞人称它“吊桥”，外地人称它“漾濞桥”。漾濞桥是千里滇缅公路上的一座英雄桥，曾经辉煌过、骄傲过，留下许多悲壮、美好的记忆。岁月匆匆，光阴荏苒；涛声依旧，物非人非。已经没有了昔日的喇叭声声、车水马龙，吊桥只剩下西桥基和东桥柱，隔江相对，默默无语，给漾濞江峡谷平添了几多沧桑。这座曾经肩负着时代重负、承载过无数奇迹的大桥，随着时代的脚步和滔滔东去的江水，完成了庄严的历史使命，淡出了我们的视野，正在被人们遗忘——虽然这本是不该被遗忘的。

滇缅公路漾濞江吊桥遗址

"七七事变"后，日寇全面封锁了我国的海上交通，占领了主要铁路交通线。在三迤父老的强烈要求和全国抗战形势的逼迫下，南京国民政府决定修筑滇缅公路，以期打通陆路国际交通线，接受盟军援华物资，推进抗日战争的顺利开展。

70年前的今天，是漾濞历史上最庄严肃穆、激情悲壮的一天。从漾濞江边到顺濞河畔，在36公里的路线上，6000民工齐上阵，开工修筑一条划时代的公路。也就从这一天开始，由滇西重镇下关至边陲小镇畹町，在548公里的路线上，滇西20万各族父老上了工地，揭开了世界公路建设史上最恢宏、悲壮的一幕——滇缅公路全线开工！

滇缅公路要跨越的第一条江便是漾濞江。漾濞江是澜沧江的一条支流，公路跨江地段江面河床宽，地质结构松软，江水洪枯流量变化大，不利于架设大型桥梁。民间有"铁锁云龙"的传说。1966

年8月漾濞江公路桥被洪水冲毁，充分反映出架桥的艰难。虽然漾濞江桥不能与澜沧江的功果桥和怒江的惠通桥比肩，但它是滇缅公路第一桥，地位至关重要。

关于这座桥梁的修建情况，历史资料不多。所幸工程师谭伯英先生留下了一份史料。1938年11月16日，谭先生走马上任滇缅公路运输管理局局长，奔波在滇缅公路上，滇西抗战开始后被迫中断工作回到美国，在纽约MACG—HILL出版公司出版了畅销书《THE BUILDING OF THE BURMA ROAD》(《修筑滇缅公路纪实》)，1945年6月再版，为研究滇缅公路及滇西抗战历史提供了弥足珍贵的第一手资料，书中对漾濞江桥的修建情况有简明扼要的记述："离开下关后，我们很快进入了坚硬的岩石地区，不久就到达了漾濞江。江水来自雪山，非常湍急、清澈和冰凉。""漾濞江河道泥沙松软，施工中打桩很深，没有大功率的柴油机……"民工们从点苍山、层峦山砍伐粗壮的栗木做桥梁桥面，全靠人工把笨重的木料运到江边。抬杠磨烂了肩膀，鲜血染红了草鞋，民工们全然不顾，咬紧牙关奋战在工地上。形势危急，为确保如期通车，谭伯英调来两台柴油挖凿机改装成打桩机，功率为1000公斤，每分钟可打30锤。"高效率的现代机械使工作很快完成了，费用仅是人力的十分之一，柴油消耗仅八十美元，整个工期只有两个月。"1938年春夏间，一座五孔单跨十米的石台木面公路桥建成了，桥址在今天的河西大桥上游三四十米处，是漾濞江上第一座公路桥。两个月建起了公路桥，在当时的条件下是一个奇迹。江河上本来没有桥，人类要挑战自然，就架起了桥。滇缅公路第一桥，可以说是漾濞各族父老用脊梁支撑起来的英雄桥。后来谭伯英又路过漾濞，是来检查公路质量的，在《纪实》中对漾濞街的民情风俗做了如实记述。

关于谭伯英，其外孙支允成先生2005年9月在《保山日报》发表有一篇回忆文章，称谭伯英："早年家境清贫，以优异成绩考取北京大学历史系，因读书勤奋，受到校长蔡元培先生赏识，毕业后先到浙江大学历史系任教，后由蔡元培先生提携举荐到德国留学。受到当时科学救国思潮的影响，毅然弃文学工，选择了当时国内落后的汽轮机专业。经过七年苦读，获得柏林大学工学博士学位……1973 年逝世于美国，他至死不愿加入美国籍，以中国人的身份落葬异乡。"

滇缅公路通车后，爱国华侨领袖陈嘉庚先生发动南洋华侨捐款，购买 1000 辆汽车捐献给祖国，此后又捐献五百多辆。先后动员组织南洋华侨机工三千多人回国服务，成为滇缅公路运输队伍中的技术骨干。那时昆明成立了西南运输处，下辖 20 个运输大队，拥有汽车三千多辆，全部投入滇缅公路运输。车队从腊戍火车站装载国际援华物资运到昆明，再由其他车队运往内地或前线。漾濞桥上，东去西来的车辆川流不息，不分昼夜，不见首尾。车辆与日俱增，石台木面的简易公路桥无法抗御洪水的冲击，难以承受车流重负，进入雨季时通时阻。一次，上百吨抗战物资急需过江，江桥被洪水毁坏，漾濞父老乡亲们一边在技术员的指导下抢修大桥，一边抢运物资，硬是用肩头把物资一包包、一件件扛过江。漾濞父老还未抚平修筑公路造成的伤痛，又为抗日保路护桥，为大军筹集粮秣，做出了巨大贡献。

1942 年初春，远征军 10 万将士通过漾濞江桥，金戈铁马滚滚西去，杀奔缅甸战场，与英军共同抗击日军。车辚辚，马萧萧，将士刀枪各在腰，尘埃不见漾江桥！那是多么振奋人心的场景，漾濞各族各界父老乡亲到江边送行，以壮行色。在那些日子里，漾濞桥上车流如织，昼夜不息。漾濞江咆哮了，漾濞江峡谷沸腾了，一座普通的桥梁承担起了抗日救亡的历史重任！

远征军出缅作战，当时装备一流的前锋 30 师直抵同古，旗开得胜，大败日军，极大地鼓舞了全国人民的抗战信心。但是英军怀有异心，背着远征军单方面撤退至印度，远征军统帅部无力驾驭复

河西大桥

杂多变的战局，参谋长史迪威束手无策。虽有仁安羌大捷，但于事无补，日军迅速从海上增援，致使同古防线被击破，曼德勒会战化为泡影，形势急转直下。出缅部队溃不成军，多少中华男儿空怀杀敌报国之志，一腔热血枉洒异国疆场。杜聿明兵败野人山，戴安澜马革裹尸还。一个凄风苦雨的日子，漾濞父老乡亲扶老携幼、披白含悲，到江边桥头点燃香案，哭迎抗日忠魂……4 月 28 日缅北重镇腊戍失守，滇缅公路被截断。5 月 2 日日军攻陷国门畹町，扬言一周攻占昆明。5 月 4 日，滇西重镇保山被日机轰炸，军民死伤数千。5 月 5 日，日军先头部队到达怒江西岸，一小部分化装后乘车混过江来，我守军不得已炸了惠通桥。芒市（潞西）、龙陵、腾冲相继沦入敌手，大批侨民、难民、散兵游勇通过漾濞江桥，逃往下关、昆明。一时间，大后方变成抗日前线，滇西危急，云南危急，大后方危急！

5 月 4 日深夜，11 集团军司令宋希濂将军得最高统帅部令，赶往黑岭铺滇缅公路运输处总部，紧急征调 550 辆汽车，筹运部队赶往滇西。又令驻祥云的 36 师集结待命，准备乘车西进；令师长李志鹏即刻动身赶上已乘车出发的先头部队 106 团，抢占怒江东岸高地，迎击进犯日军。敌情如火，军令如山！ 5 月 5 日上午 10 时，几乎是炸毁惠通桥的同时，106 团团长熊正诗率易浚华先头营赶到指定位置，遂与化装成难民混过惠通桥来的日军展开激战。6 日，107 团赶到并投入战斗。宋希濂将军 6 日下午 3 时由昆明乘军用飞机到云南驿，再改乘汽车，7 日下午 3 时到达保山。后续部队乘车西进，铁流滚滚，通过漾濞江桥开往前线，稳定了战局。卫立煌将军饮马漾濞江，在各界民众欢迎集会上慷慨陈词，誓与日寇血战到底，早日收复滇西失地！此后，11 集团军各路人马通过漾濞江桥西进，也不时有部队换防调动，到大理、邓川、祥云、楚雄休整，养精蓄锐后又重返战场，

因而漾濞江桥成为滇缅公路上最繁忙的桥梁。

滇西抗战期间，惠通桥被炸断了，功果桥也常遭日机轰炸，但漾濞江桥始终屹立在漾濞江上，由昆明至怒江东岸的滇缅公路始终畅通，部队辎重从漾濞江桥通过，源源不断地被运送到前线。为了保护大桥，江东岸竹林寺配置了高炮连，设了防空无线电台，桥西由护桥队、交通警备队驻守，县城设置了防空警报。日机从保山方向飞来，防空无线电台已得到情报，立即通报给高炮连和守桥部队，高炮连官兵迅速进入 3 个高炮阵地，高射炮、高射机枪指向天空，严阵以待。一旦敌机飞临漾濞江峡谷，守桥队即刻发射烟幕弹，在县城鸣放防空警报，一时漾濞江峡谷烟雾腾腾，日机多次图谋轰炸漾濞江桥，但终未得逞，漾濞江桥安然无恙。曾经流传过一个笑话：日本空军听说滇缅公路下关附近有座“四十里桥”，决定实施轰炸，好几个飞行员争着要立头功，“四十里长的公路桥，轰炸起来不是蛮有把握么？”谁承想几架日机在点苍山、漾濞江上空瞎转了半天也没发现目标，反让驻扎在云南驿的盟军飞虎队逮个正着，一举将日机击落于高山峡谷之中……

为了保证滇缅公路下关至怒江前线路段的畅通，确保远征军反攻腾（冲）龙（陵）的胜利，1943 年春，在石台木面大桥下游 20 米处修建了钢缆吊桥。吊桥净跨 55 米，全长 81.4 米，桥面宽 4.2 米，荷载 10 吨，限单车过桥。

在滇西抗战中，滇西军民同仇敌忾，凭借怒江天险，奋勇抗击，在美空军的支援下，与日寇进行了 3 年艰苦卓绝的英勇战斗。远征军反攻的日子终于来到，侵占滇西的日军末日来临。1944 年 5 月 11 日夜，远征军左右两集团军抢渡怒江天险，又经半年浴血奋战，克松山，夺腾冲，下龙陵，占芒市，次年 1 月 20 日收复国门畹町，与驻印远征军在芒友胜利会师，在全国抗日战场上率先把日寇逐出国土，恢复了滇缅公路国际交通线。

在作这篇小文时，我记起了 10 年前大理日报上的一篇报道，桥西头村子里有一位尹师傅，曾参加过漾濞江桥的修建，我颇费周

美国驻中缅印军漾濞站营房遗址

折地去寻访，始终没有访到尹师傅的线索。倒是在漾濞县志里见到一条关于“漾濞县第一个买汽车、开汽车的人”的记载。2007 年 12 月 6 日中午，我们一行三人去文化巷一条小巷里拜访“漾濞第一车”回族老人马富才，请他谈谈漾濞江桥的情况。

马老先生 1921 年 9 月生，1945 年 7 月毕业于大理一中高 13 班，身体硬朗，记忆清晰，完全不像耄耋之人。他介绍说自己从大理一中毕业后在军政部下属的保山器材库 60 库当库员。滇缅公路开通初期，军车来得比较多，抗日战争结束后军车就少了。后来调任为押运员，押运军用物资到下关、昆明等地。他利用这个条件学开车，熟悉的驾驶员、修理工也乐意教他。1946 年，一批车队要调到东北，他没去，留在昆明，买了一辆美国产道奇牌二手车自己开。当时由漾濞去畹町需四五天，去昆明需两天。出畹町运去面粉、山货及特产，回来多数时间运棉花、棉纱等。滇西抗战期间，滇缅公

路上的七座桥有的被炸了，有的被拆了，基本是空车过桥，货物要卸下扛过桥再装车，他的车雇请有七八个装卸工。也出过缅甸，到过九谷。当时路上不安全，一次从保山回来，拉着机花（经过加工的棉纱半成品，大件打包），还捎带有下关正裕号老板的半开（银圆）好几千元。为安全起见，他把机花包打开藏进半开后再把包封好，看不出破绽，并把这些藏有半开的机花包压在最底层。车上还带着几个搬运工和散客。过了顺濞河，车正爬坡，一伙强盗冲上来，用手枪、手榴弹逼迫停车，把人押到公路边，用武器威胁他们趴在地上不准往车上看。这伙人操外省口音，有讲广东话的，可能是远征军溃散下来留落在滇缅公路沿线的散兵游勇。他们把所有人身上的钱及值钱的东西全部搜去，又把车上的物品丢下车来，翻得乱七八糟，打劫后扬长而去。所幸半开没有被发现，

也没有伤人。当晚到漾濞，次日回下关，老板派人来半路接，他们听说在半路上被抢，很担心银圆。新中国成立后，两辆车在昆明入了汽车联营社，开始是联营，后来变成了国营。总之，他是漾濞第一个在县内开汽车的人，县内第一家经营汽车运输的商户。老先生道，那时的漾濞江水比现在大两三倍，过吊桥必须先下货物，再空车过桥，钢绳被压得“嘎嘎”响，车子一颠一簸，很害怕。

当询问到漾濞江吊桥是否被日军轰炸，马老先生说，日本飞机没有轰炸过漾濞江桥，峡谷太深，炸不着，但是两次轰炸了下关。西南运输处总部迁来下关后曾被轰炸过，损失了一些车辆。此事在谭伯英的书中也有记载。日军飞机要炸黑龙桥，因为风太大，炸弹总是丢不到桥上，落到

❶ 滇缅公路顺濞（胜备）桥

❷ 当年行走在滇缅公路上的汽车

西洱河里了。

老先生回忆道，倒是有一架美军飞虎队的飞机落在白章村老虎山。飞机从印度加尔各答来，往昆明飞，装有毛毯、军被、卡宾枪等。汽油用完了，又无法着陆，飞行员只好弃机跳伞。机组 5 人， 4 人分别落在 4 个方向， 1 人挂在树上。美军飞行员发信号枪相互联络找到一块，又设法把挂在树上的飞行员营救下来。因为运输的是军用物资，有人去捡东西、拾铝片。县府派丁秘书去负责维护飞机失事现场，找到了不少东西。因美军飞行员飞行服胸前印有“洋人来华助战，军民一体相救”，被民众营救，用马帮送到县城，被接回云南驿。机上的东西也用牲口驮到县城，运送至云南驿。听说机上东西失散较多，引起军政当局不满，金星、密场一些百姓去看热闹，以盗窃机上物资为由被拘。另传，县长文泰和因营救盟军飞行员有功，被调任一等县任县长。这又使我记起大理日报吴棠先生专栏文章中提到的一件事：吴先生曾在下关街头见过漾濞人出售美军空军飞行员的飞行服，也许就是这次飞机失事流散的。

抗战胜利后，漾濞江吊桥仍然发挥着不可替代的作用，仍然是滇缅公路上的重要桥梁。新中国成立后，滇缅公路改称昆畹公路，后又改称昆瑞公路。20 世纪 60 年代，在吊桥上游一百多米处修建了钢筋混凝土公路桥，桥东头设车站、饭店，“文革”中饭店名称叫“工农兵饭店”，后来叫“下街饭店”，吊桥一度闲置。1966 年 8 月，漾濞江爆发百年不遇的特大洪水，新建大桥被洪水冲毁，而吊桥安然无恙，仍以昔日的雄姿横跨江上，又恢复了早年的繁忙。我曾乘车到吊桥边步行过桥，摇摇晃晃，有些害怕。空车过桥的情景，与老马先生所言一致。“文革”中，吊桥由部队（民兵）守卫。

我脚下的这座大桥是 1973 年修建的，次年竣工通车，形成间隔十余米的距离内两桥同跨漾濞江的独特景观。改革开放以来，昆瑞公路被称为 320 国道，漾濞段改线，在平坡镇跨漾濞江，至顺濞河注入漾濞江处溯河而上，在太平乡普莽村过河进入永平县境。老滇缅公路漾濞江边至永平县北斗乡梅花铺一段改称漾梅公路，这段公路和漾濞江吊桥渐渐沉寂下来。1993 年 9 月，漾濞江再次爆发特大洪水，为确保下游邻近大桥民众的安全，有关部门拆除了吊桥钢缆，从此漾濞江吊桥仅存桥基、桥柱凭后人瞻仰了……

时代总是要前进的。改革开放以来，特别是进入新世纪以来，漾濞经济建设突飞猛进，交通事业迅速发展，人民群众的生产生活状况大大改善。国家实施西部大开发战略，边疆民族地区迎来了交通事业发展的春天，大（理）保（山）高速公路与楚（雄）大（理）高速公路在平坡镇大合江对接后穿境而过，建设中的大（理）瑞（丽）铁路由漾濞境内通过，铁路桥在河西公路桥下游横跨漾濞江。昔日丝绸之路经过的地方、滇缅公路经过的地方，展现着花团锦簇、幸福安康的繁盛景象。

今天，当我们乘着豪华中巴、大巴和新款轿车，奔驰在平坦通达的高速公路上时；当我们在这长虹般的漾濞江大桥上闲庭信步、消磨幸福时光时，怎能忘记 70 年前漾濞江峡谷里那一幕幕血与火的惨烈场景，漾濞江大桥上那不绝于耳的汽车轰鸣和喇叭声声？正如谭伯英在《修筑滇缅公路纪实》后记中所言："我衷心希望滇缅公路的修建过程能永远非常清晰地保存在人们心里，这比在终点站昆明或者在畹町建立一个永久的无名英雄纪念碑更为重要。"漾濞江桥，滇缅公路第一桥！作为一个时代的壮举、一段历史的记忆，它永远屹立在漾濞江上，永远留存在我们的记忆里……

大保高速漾濞平坡出入口

第二章

核桃之乡，云上漾濞

漾濞核桃甲天下，独领风骚三千年。一枚远古的核桃，从漾濞江岸迢遥出发，一路穿越三千年风雨，入典入籍。一枚清香的核桃，从这片大地的春风和雨水里出发，穿越无尽的日月轮回，清香如故。漾濞，中国核桃的故乡，在这片光阴绵远的大地上，村庄，街市，山川，云朵，无一不流传着核桃的传说；日月，清风，歌谣，往事，无一不镌刻着核桃的清美。一枚核桃里的漾濞，故土的温暖依旧，山川的模样依旧。细细触摸这片大地，你看见上面，四季迢迢，日月汤汤。

核桃从这里迢遥出发

在整个的苍山西坡，在整个的漾濞大地，有水的地方，就有核桃生长，有山的地方，就有核桃花开。核桃树，核桃林，核桃村随处皆是，全县境内树龄上百年乃至数百年的核桃古树数不胜数。唐代《南诏通纪》《酉阳杂俎》等记载，唐宋以来，南诏大理地区的核桃就已经成为大宗商品和贡品，被送入历代京都。

立秋之后，是处暑。处暑之后，漾濞江两岸的核桃就要开始进入一年一度收获的季节。在这丰收的季节里，人们收获、歌唱、舞蹈——这些欢乐的画面，早在三千多年以前，就被生活在这片土地上的先人们刻画在了岩石上，这，就是大理苍山漾濞古崖画上的采果图。除了这幅采果图，在那面被当地人称为“草帽人”的巨幅古崖画上，还有众多内容丰富的图像，其中有人、牛、猪、鸡、鸭、狗、掌印、房舍、栅栏，画面上的人，或立或行，或攀登，或劳作，或舞蹈，整面崖画生动地呈现了三千多年前这片地域上人们生活、劳作的动人场景。

是的，这里就是位于滇西群山中的漾濞彝族自治县，迄今为止国内发现的核桃最早生长和起源的地方。县境位于大理州中部，点苍山之西，1860 平方公里的土地上，居住有以彝族为主体的彝、汉、白、回等 17 个民族。全县辖 4 镇 5 乡，总人口十万略余。

1 打核桃

2 漾濞核桃果

1980年，在漾濞县平坡镇高发村出土的一段核桃古木，经过中科院考古研究所进行专业测定，测定其生长年代为3500多年前。这段当时被洪水冲出的核桃古木，进一步印证了核桃在漾濞的生长年代，也就是说，当公元前112年西汉张骞历尽千辛万苦从西域带回胡桃种子的时候，在漾濞江流域，已经有大片的野核桃林生长了。

漾濞江蜿蜒曲折，自北向南，流经漾濞全境。在漾濞江的两岸，核桃树沿着多水、多阳光的山坡成片成片地生长。从万古天开、谷幽水秀的漾濞石门关的身侧，沿着一条弯曲的山道一路上至高处，有一个叫光明的村庄，被人们称为“别在苍山胸口的一朵绿色奇葩”。在万亩古老的核桃林下，是千年幽静安详的村庄。站在苍山的高处看光明

古核桃林

的核桃林，恰若一大朵绿色的彩云泊在山间，为此，人们把光明又叫作“云上的村庄”。

云上的村庄里，时光缓慢，有若世外。村庄的人们将核桃收获后，剥开，去皮，细细做成一道道美食：核桃炖羊脑、核桃扣肉、核桃八宝饭、核桃肉圆子、核桃叶炒火腿、核仁荷叶饼、核桃糕、香酥核桃、青椒煸炒新鲜核桃仁、核桃仁炖鸡蛋、核桃炖猪脚、核桃馅汤圆、核桃拌生皮、核桃粥。当然，还有核桃茶和核桃酒。无茶无酒，不成宴席。与城市里的肯德基、麦当劳、德克士不同，在一道道核桃美食里，蕴含着村庄悠长温馨的时光，需要你去细细尝、慢慢品，如此，方能不辜负里面光阴的清美滋味。

❶ 古核桃树

❷ 1980 年，县林业局工程师杨源在平坡公社向阳大队高发生产队发现了一段古木，经中科院考古研究所于 1995 年 4 月进行 C14 同位素树龄测定，确定是一段生长于 3325±75 年即公元前 1375 年±75 年（树轮校正年代约为 3565±125 即公元前 1615 年）前的古核桃木

在多山多水的漾濞，核桃生长在水湄，生长在高坡，生长在峡谷，生长在云间。险幽兼具的百丈崖桥一线天，美丽神奇的马尾水瀑布，春来杜鹃烂漫的马鹿塘，高峻多风的秀岭大坡……在整个的苍山西坡，在整个的漾濞大地，有水的地方，就有核桃生长，有山的地方，就有核桃花开。核桃树、核桃林、核桃村随处皆是，全县境内树龄上百年乃至数百年的核桃古树数不胜数。唐代的《南诏通纪》《酉阳杂俎》等记载，唐宋以来，南诏大理地区的核桃就已经成为大宗商品和贡品。果大、壳薄、仁白、味香，富含多种健康营养成分的漾濞核桃，是核桃中之翘楚，干果中之珍品，入编《中华之最》荣誉大典。漾濞，又被誉为“中国核桃之乡”。

发端于 2400 多年前的古西南丝绸之路从四川成都地区出发，经云南昆明、大理、保山，通向境外的缅甸、印度等国。古道从大理往西，经漾濞、永平博南山西去的一段，又被称为博南古道，途经漾濞段共 72 公里。因古道所经路段山高谷深、大河滔滔的特殊自然和地理条件，这段路途成为古道东往大理、西出永昌的咽喉要道，而漾濞江畔的古城，便是因为古道上马帮往来而逐渐滋养出来的一个古驿埠头，历代茶楼酒肆林立，马帮穿梭往来。热闹繁华的边境古城，亦成为漾濞核桃交易的一个集散地。优质的漾濞核桃，经由这条被誉为“南方陆上丝绸之路”以及“马背上的国际通道”的古道，西出永昌而至境外各国，东往大理、昆明而入历代京都。

❶

❷

20 世纪 30 年代末，为抗战而修建的滇缅公路一路沿古道穿过漾濞。之后数十年间，这条滇缅公路一直肩负着滇西交通主干道的重大使命。漾濞核桃也由此从马帮驮运而逐渐转向汽车运输，沿着千里交通干道，被带到了更多更远的地方。

“苍虹落漾云龙舞山间铃响博南路看古道悠悠敲岁月 /

碧浪飞花金凤翔峻岭核桃天下名喜春潮滚滚绘宏图。”漾濞古城下云龙桥头的这副楹联，道尽了漾濞这片土地的历史文化、风物自然。作为漾濞的一道标志性历史文化景观，这座始建于唐代的古老铁索吊桥，见证了漾濞江的千年碧波，古道马帮的悠悠铃响，古城漾濞的繁华岁月，漾濞核桃的南去北往。

“彩云一道当空舞，铁链锁来景更娇。”一座古老的铁索吊桥，锁住一条古道的万里风尘。

“漾濞核桃甲天下，独领风骚三千年。”一枚穿越时光的核桃，记录一片土地的三千年风雨。

一条古道，万里江山。一川大河，百万核桃。一片多山多水的土地，万物在这里葳蕤生长。一方多云多彩的异境，核桃从这里迢遥出发。

❶ 庆丰收

❷ 漾濞的秋天

故土·一枚核桃里的漾濞

作为中国农民的后代，并且从小在农村长大的我们，虽然这时候暂时脱离了农村，可是，在内心深处，我们依然对土地有着无法解开的情结，以及生息相关的依恋。记得，是在我们买了那核桃地之后一年，孩子她大伯在老家也给她单独培植了一小片核桃地，并且，一年一年地给犁着、管着，在家里强调，这是单独给她的。这是他作为大伯，代表全家给一个老吉家的后代留的一份小小的财产。

一

核桃节的整个活动是从上午九点开始的，大约两个多小时。我坐在“老查家”的院子里，听着隔壁广场上的各项活动和演出依次展开。

真的是隔壁。从“老查家”到广场怕也就百十步远。我怕挤，故而没在现场观看，只是在这院子里坐着。

各样声音从广场上一一传过来。先是礼炮，“咚……咚……咚……”的几发，伴随着巨大的闷响声高高地射向高空。礼炮之后，大筒响了起来，是低回的、庄严的“呜……”声，持续地、缓缓地漫过来。大筒声歇，长号声起，是一片比大筒高亢的“呜……”声，因为高亢，到尾音时，变得近似于“喔……”声。这大筒和长号声音的庄严，可以让周围

核桃节上大筒迎宾

一切躁动的声音安静下来。

之后是祭核桃神，听得“咚、咚、咚、咚”的鼓声，以及毕摩诵唱的声音。这是整个节日活动的重心。

然后是讲话、致辞。

再然后，是文艺表演。各种唱的声音，锣鼓咚咚的声音，笑的声音，里面包括观众的笑，以及台上的笑。

大约是在祭核桃神之后，还有一个重要的环节是打核桃的“开竿”仪式，那竿上系着红绸布（一定是这样的），唰唰打下两竿核桃，那便宣布又一年的核桃开始收获了。

在院子里的除了我，还有几位在核桃树下打牌、喝茶的男士。另外还有老查。“老查家”是一家院子很宽阔的农家乐，老查是这农家乐的老板、这光明村里的核桃大户，名叫查洪祥。因为核桃，他曾上过央视新闻联播，接受过数不清的各路记者的采访。“老查家”农家乐十几年前开起时，是这光明核桃园里的第一家。今天，

捡核桃

“老查家”的席位已被全部预定满了。女人们出出进进地在厨房里忙碌着，老查抱着他才几个月大的嫩嫩的孙女坐在核桃树下，气定神闲地指挥着厨间的活。院子里打牌的人中有说普通话的，老查跟他们说话的时候，我发现他的普通话虽然还稍稍带点“彩”，却明显有着经常接受采访而滋养出来的范儿。

记得是 11 点过一点的时候，听得广场上的活动像是进入了尾声。

这时候，一个人从老查家的院门那里进来了，他高大魁梧，头裹红布巾，身穿黑色羊皮褂，敞开的肚皮上画着红色的火苗（我后来想起来，好像他的额上和两颊上也画了火苗），下身穿一条黑底镶红边、同样绣着火苗的大筒裤。

不用说，他一定就是刚才祭祀核桃神的毕摩了。我虽然之前在电视里看过一年一年的核桃节毕摩祭核桃神的仪式（我分不清是不是一直是同一个毕摩），可是，因为刚才没有在现场亲历他出场以及祭祀核桃神的过程，这会儿，当我看到他走进这个院子里来时，一时还是有些惊讶。我就站在老查家正房的台坎上，一直看着他走进来。

他进来了，一直上了台坎，之后，进了正房的侧间里。我想我还保持着之前的姿势——对了，我是倚着台坎右侧的栏杆站着的。在我身后的桌子上，有几位男士在打牌。

大约是 5 分钟后，侧间的那道门重新打开了，出来一个人——因为时间这么短，我尚不至于错认，他就是刚才进去的人。只是，我还是差点错认了。这个从门里出来的人，他上身穿着条纹衬衣，下身穿牛仔裤，他的头上没有红布巾。我之所以能确认就是他，除了这中间没有别的人进过那间房，另外还有一个原因是他那稍稍凸起的肚子。他现在穿了衬衣，我不知道他肚子上画的火苗是否还在。他在堂屋正门口的桌

子边坐下来，看样子准备喝一杯水。

神的侍者回到了人间。他从牛仔裤的兜里掏出了手机打电话。后来，又有人进来了，坐到他的旁边，我听到他们聊起了日常的话题。那个与神对话的人，重新回到了地上。

再后来，又有许多人来到了院子里，有县文体局的姑娘们，她们一律穿着节日的盛装，除了表演节目，她们还为这整场演出做礼仪服务。还有打歌队的人，当中包括耍大刀的，他们来自我的家乡，漾濞的南部。文体局和打歌队的姑娘们，她们许多人从台阶上上来，先后进了正房的那个侧间里去换衣服。

老查家的院子里摆满了一排排的桌子，桌子上坐满了已经换了装和还没换装的演员和工作人员们。老查已经把他的孙女背到了背上，前后左右地指挥着上席。我们那桌在台坎上。满桌子的菜，别的后来都记不清了，只记得一盘青椒炒新鲜核桃仁，青椒青，核桃白。

我没有看到那位毕摩，他应该是去参加广场上的核桃宴去了。

二

我因为要找一点资料的缘故，有一回专门在网上查了“漾濞核桃宴”。漾濞核桃宴精细深微，虽是土生土长的漾濞人，若只凭口，一一的还真报不齐。

网上查的核桃宴是这样的：核桃炖羊脑、核桃扣肉、核桃八宝饭、核桃肉圆子、核桃叶炒火腿、核仁荷叶饼、核桃糕、香酥核桃、青椒煸炒新鲜核桃仁、核桃仁炖鸡蛋、核桃炖猪脚、核桃馅汤圆、核桃拌生皮、核桃粥，另外，还有核桃茶和核桃酒。

这里面的核桃炖羊脑，是一帖食补的方子，我之前曾单独记了一回。那是几年前了，丈夫生病，住了一个月的医院，出院回来，人瘦了一大圈。办出院手续的时候，医生嘱咐我，说一定要注意多给他食补，好让他恢复体力。

说到食补，我便技穷了，除了简单地炖个鸡汤什么的，其余的说不上一二来。有一天在办公室里向同事们问询，有位同事告诉我说，用核桃炖羊脑，放一点红糖，这东西补。

核桃是家里有的，红糖超市里有好多品牌，只是这羊脑却一时买不来，市场里卖羊肉的，总见卖着羊腿，不见来卖羊头。好在，丈夫原本体质还好，个把月的，便慢慢恢复起来，这核桃炖羊脑的事也就被我搁下了。

青椒煸炒新鲜核桃仁算是一道家常菜，新鲜核桃出来的时节，光明核桃村的农家乐里，每家都能端出这道菜来。

核桃叶炒火腿，应该用的是初春的核桃叶，在涨水里焯过，保鲜冷藏的那种。若不然，新鲜的核桃叶想来是有涩味的。

核桃仁炖鸡蛋，核桃炖猪脚，应该都是方便操作的菜肴。还有核桃馅汤圆、核桃粥，都是方便易做的核桃饮食。

我有些好奇的是核仁荷叶饼。核桃仁是要切过的，这我想得出，只不知面粉用的是糯米还是小麦，里面是不是加鸡蛋。那荷叶，是直接用的新鲜荷叶呢，还是焯过的。早前看旧小说里，光见着“在集上割了二斤肉，用荷叶包了”之类。也有一回，见一篇散文里写着“外婆蒸的荷叶糕”。至于这核仁荷叶饼，想必是漾濞人家才有的罢。

光明农家有一碗核桃拌的“鬼火绿”：火烧的小米辣，加入葱、蒜、芫荽、花椒、酱油、柠檬汁，将核桃仁切了拌入其中，绝味地酸辣爽口。这“鬼火绿”，虽未被列入核桃宴，却是最常被人惦记的。

再要说说的是核桃茶。

我老家人办喜事，席间要上一轮喜茶和一轮喜酒。那喜茶，在茶壶里用生姜、红糖和茶叶煮出来，一一地斟在杯里，洒入半把米花，用小巧的茶盘端着递到席上。若是更讲究的

人家，那便要在里面加上切成薄片的核桃仁。加了核桃仁的喜茶，又更多了一重香浓滋味。而席上的喜茶往往只倒半杯。大约正是因为少的缘故，那半杯核桃茶，热热地喝完了，半天，余味还在口里。

这核桃茶，其实平日里也是可以煮的。生姜，红糖，茶叶，准备起来都方便。需要的只是一份心情。将核桃剥了，一一切成细薄的片。这切核桃仁的事，最是考验心性，急不得，躁不得。那一枚小小的核桃仁，用左手的几个指尖捏着在砧板上，感觉这心非得是安静的、平和的，手下方才能切出细致均匀的核桃片来，冲出的核桃茶，也才有了那份婉约清和的韵致。

关键的，是那来喝茶的人。

三

每年的中秋节前夕，老家的家人和亲戚们常常要带给我们一些新鲜的核桃。虽然这两年我们自己也有一点核桃，但家人和亲戚们的心意一年一年还是没有改变，每到中秋，这些核桃还是一如既往地带了来。

这些核桃带来的时候，有的放在塑料袋里，有的放在纸箱里。若是不拿出来晾开，放在塑料袋里的核桃 3 天就开始变黑了，放在纸箱里的也只能到 5 天，再之后，核桃吃起来口感就不那么新鲜了。

为了能多吃几天新鲜核桃，我曾依着蔬菜水果保鲜的原理，将核桃用袋子装了放在冰箱里，开始，发现果真还好，可以多延长好几天。然而，那些核桃还是在我不注意的时候变黑了，就像那些没吃完放坏了的蔬菜和水果那样。

我之前的同事熊姐，对生活非常有心得，平日闲聊的时候，她说出的许多生活“秘诀”，常常让我惊奇和感叹：“原

1 家园

2 核桃芝麻糕

来可以这样的呀！”熊姐曾说起许多时鲜季节菜冷藏保鲜的办法，其中包括菌子、蕨菜、青蚕豆米、香椿等等。这里面有两个核心问题：一是这些菜大多要先在涨水里焯过，二是沥水后用保鲜袋包装时袋口一定要严封。这些焯过封袋的季节菜，放在冰箱的冷冻屉里，可以放到年对年。只是，熊姐说是这么说，但那些东西各自焯的火候得自己凭经验掌握，这就非得经过自己实践不可。

2

我听熊姐说，在这些时鲜菜里，青蚕豆米可以直接鲜包装。我后来试了，那些用袋子装好放在冰箱冷冻屉里的豆米，不论放多少时间都还一直绿着，煮出汤来感觉也还鲜。这些豆米，我除了煮汤，不时地也用来煮火腿豆米饭，就是将米洗后，放入豆米和切好的火腿丁，因为豆米和火腿的缘故，水要放得比平时单独煮米饭时多一些。豆米鲜而火腿香，一锅火腿豆米饭煮出来，清香扑鼻，女儿也很喜欢。我因向朋友吹嘘了一回，朋友于是惦记着，说是要来吃一回的。

孩子她姑姑嫁在城外，每年青蚕豆熟了，都要带许多来给我们。我将这些青蚕豆全部剥成豆米，包好放在冰箱里，想起的时候，煮豆米汤或火腿豆米饭，这样，一直吃到第二年的青蚕豆上市。

下关滨海路上有一家“菲菲鱼”饭庄，里面有一道我爱吃的菜，叫核桃炒板栗，新鲜的核桃和板栗，看着是稍稍闷水炒出来的，看上去温润如玉，口感也鲜甜美好。那些新鲜的核桃和板栗，想必也是经过巧妙冷藏的，不知道店家用的是不是熊姐说的那种方法。

而我家里每年中秋后的那些新鲜核桃，一年一年，终于只得

一一地晾开来。阳台上阳光和通风都好，大约五六天，核桃便全都干了。我将这些晾干的核桃用纸箱装了，放到阳台一角的那只旧茶几下面，想起的时候，拿出来吃两个。丈夫若在时，他将两个核桃在手里使劲一捏，核桃就开了，他若不在，我就用菜刀背或是用那块磨刀石敲。矮柜里有着老家亲戚带来的上好的蜂蜜。核桃蘸蜂蜜，漾濞人拿来待贵客的。我平时随便敲两个核桃，大多也懒得"隆重"地开那蜂蜜。那蜂蜜在矮柜里温润地留着，专等着贵客上门。

我三姑会煮核桃糖。就是用麦芽熬出来的糖稀，倒在铺了薄薄面粉的簸箕里，倒一瓢糖稀，洒一层核桃仁，再倒一瓢，再洒一层。那是我小时候了。家里日子艰难，我三姑手艺虽好，家里却没有许多麦子可以拿来发芽熬糖，仅有的不多的核桃也是要拿来熬油过生活的，做核桃糖，那是极奢侈的事了，一年或是两年才能有那么一次。核桃糖的甜蜜香美，是那些艰难的岁月里无上的幸福。

想起来，我已经许多年没有吃过核桃糖了。记得曾听人说，一些乡集上偶尔还有卖，县城的集上或许也有吧，我没遇着。超市里有卖类似核桃糖的，但不是真的核桃糖。

我三姑已经在去年冬月里走了，享年 78 岁。

大约，核桃糖总还能吃到的。毕竟是一种民间的制糖手艺，这里那里的，想必总还有人保留着这手艺，在做着吧。而我三姑做的核桃糖，我今后是再也吃不到了。

四

一位好友住在县城东片区核桃城里。站在她家二楼餐厅的窗前，一眼看见的是西面的县城主城区，然后是县医院新盖的大楼，再然后是雪山河，河上长长的雪山河二大桥。在

漾濞核桃仁

雪山河的这边，从二大桥往上，沿河有一溜核桃树，在夏天里一片浓绿。

我一年里总有许多次在朋友家吃饭。朋友在厨间忙碌着，不要我帮忙。这时候，我便站在窗前。窗上色泽温润的、下脚扇形的竹帘被拉起一半，下午的阳光斜斜地照进来。我看着窗外的风景，朋友从隔间的厨房里，将做好的美味一一地端上桌。

这核桃城里，几乎清一色都是连排别墅，外面的牌坊门上，用蛮大的金字写着“中国核桃城”。在某种意义上，这核桃城就像是一把筛子，这筛子像筛米似的那么一筛，留在里面的，自然都是那圆润饱满的部分。记得有一次又去朋友家吃饭，丈夫也一块儿去了，吃完了饭闲聊时，他逗我：“要说你吧，你就安心地住着我们那小套房好了。你说，我们要是也有套像赵姐这样大的房子，你又不如赵姐能干，到时候，光是打扫卫生你也累不过来呀！”一番话，把旁边的人都逗得笑起来。

县里的核桃文化广场也在东片区。不算小的一个广场，铺开在团山的一侧，在左上角上立着县民族文化大楼。自从有了这个核桃文化广场，县里举办大型活动就有了一个相对宽阔的场所，多次县庆活动以及中国·大理漾濞核桃节文艺演出都在这个广场上举行。那时，广场上人山人海，就连旁边的团山上也站满了前来观看演出的人们。之外，县里一年一度的二月十九街物资交流会和核桃节商贸交流活动也在这大广场上举行。

县城东片区仁和广场（原核桃文化广场）

而平日里，这个广场是人们工作、劳动之余健身、休闲、娱乐

❶ 毕摩祭祀核桃神

❷ 端核桃的彝族姑娘（此雕塑现立于漾濞核桃研究院内）

的好去处。一拨数目不少的女同胞每天晚饭后固定地在这广场上跳舞，像电视里的广场舞那样，那些舞曲大多节奏明快，益于展现舞者的身姿和活力。我们有几次散步去到广场，看到在她们中间，第一排正中的两位，身材和舞姿都很好，不用说，她们在这群舞者中扮演着示范以及引领的角色。我有一次还在这里遇见我初中时的英语老师马老师，马老师和她的爱人既不跳舞，也不观看，他们在绕着广场快步地走圈，我叫马老师，马老师匆匆地答应我："走走，锻炼身体。"

多年前，县政府外面的十字路口有一尊彝族姑娘雕塑，塑像全身洁白，彝族姑娘手托一盘核桃，向下望着初初扩展开来的县城。回想起来，那一尊塑像，应该算是漾濞县城最初的"城市"标志，也是漾濞作为核桃之乡以及彝族自治县的民族和文化的象征。那时候，我还在县一中上初中，如今作为县城中心的县政府所在地，那时还是县城区的最北端。而那时候的东片区，是一片夏绿秋黄的田野。

因为县城交通的需要，那尊彝族姑娘像后来被移到县文体局院子里。那院子里有好几棵核桃树，一年一年结着核桃。

县政协院子里也有一棵核桃树，核桃不知结得几何，树却长得快。我一年里总有许多次要到政协那栋楼上去，发现只是几年的工夫，那核桃的树梢已长到与四楼平齐，且看样子还要往上长。

漾濞老城下、过云龙桥的飞凤山脚有一片不大的核桃林。仲春去散步时，就见着了这核桃的绿叶，之后便一路长着，将那绿，一路蓬勃着漫向夏天。走在核桃林下的路上，不容易看见那绿叶间的核桃果，只是那绿，叫人看着舒爽。

大约隔了有三四年吧，也是一位朋友，有一回因为热心，给一位相识的女子介绍认识了一位外面的男士。我是后来才听她说这个事的，说这女子在去见那位男士的时候，带去了五株核桃苗。两个人后来是没成。但人家都是知道了，漾濞人，什么时候也是离不开核桃的。

五

几年前，老家村里有人家要卖一片核桃地，一时找不到买主，托人来问丈夫，让他给买下。

那核桃地在老家村后的大山上，原本老家就非常偏远不说，这片地更远，从村里出发，还得再走三个小时才到，真的是山高路远，自然寻不到外地人来买的。

“你们虽在外面，可是，家在这里，根在这里，一年一年总还要回来的。人就是离得了山水，终究也离不了这根的不是么？”

那核桃地，丈夫去看了两回，我看得出他已是心下中意，又被人家诚心诚意地这么劝着，便真的动了心了。

“我们，就买下吧？”他来劝我。

那时，手上其实也没有方便的钱，我们于是贷了一点款。付款之后，那核桃地，就从民间意义上过到了我们的名下。我依然还没去过，路太远，再说平日又得照顾孩子。是丈夫拍了一些照片回来，那时节是初冬，核桃叶子早落尽了，照片上，一棵一棵灰色的核桃树，立在一片灰红色的土地上。

还有房子。听丈夫说房子在核桃地的一角。照片上，一间正房，一间耳房。耳房是两格，原本的主人家住过的，一格里做饭，一格里住人，丈夫说搭了木楞的楼上可以炕核桃。正房只是一间毛坯房，就是木架加土墙加干瓦。我从照片上看见，正房的房心里都还没挖平过，两根中柱间拴着一根麻线，麻线上挂着一件旧衣服。“院子”则是一个凸起的小坡。

更后面的山上其实有早年森工企业大量伐木时的林区公路，我们可以就着那些老路，把路挖到地里去，只是许多地方都要复修，丈夫这样说。在丈夫拍回的照片上，有一间垛木猪圈，安静地搭在一片灰色的核桃树间。我为那张照片，忽然感觉到了山居的气息，进而，对那片核桃地，有了最初的鸡鸣狗吠的山居憧憬。

丈夫是个用心的人。那核桃地既买下了，他于是在单位请了年度公休假，很快请了“工程队”入驻去了。其间打来电话，说在挖路、整地、修房。两个星期后，他回来了，整个样子和山人无二，脸上甚至被太阳晒起了锅巴。他龇牙对我笑的时候，我发现，他原本不白的牙齿现在显得白了。

那两个星期的工作算是初步的基础工程。丈夫介绍说，路已经从老林区公路接下来，一直挖到“家”里；房心和院心都做了平整；整片核桃地做了进一步的规划，包括以后的引水以及挖一个大的蓄水塘。丈夫对自己脸上被太阳晒起的锅巴充满了成就感，细致地对我讲述着他关于这片核桃地的“未来蓝图”。

核桃林里的村庄

光明鸡茨坪
核桃林

之后的“工程”一年一年地展开。丈夫每得空时，便会去那核桃地里，他的努力，就像鸟儿衔巢，一点点地建设着核桃地以及核桃地里的那个家。两年多后，那最初的柱子上拴着麻线的“家”，终于被他建成了一个或堪采菊东篱的怡然的小院。院子的一角种了一株三角梅，还有一株桂花，都是他带过去的苗。院里院外跑满了鸡、鸭、鹅，一线清泉从一根胶管淌进院子里的塑胶水缸中。

从开始至今，核桃地一直由孩子她姑父给照看着。她姑父是那种像土地一样踏实的人，又有着对核桃种管的经验，不用细细嘱咐，地里该做的总能做好。在管理核桃地之余，她姑父每天赶着丈夫买回去的那一群羊在后山上放牧。种核桃的人都知道，羊粪压核桃地最好。几年里，在她姑父的精心牧养下，那群羊的数量已经增加了许多。我一直，也想赶着那一群羊，在那大山上放牧一次，却一直还没有实现。

犁地，种地，施核桃肥，收核桃。丈夫一年里要回去许多次。

那片核桃地，像他的希望那样，一年一年欣欣向荣地长着。

“什么时候，我们这核桃地能在州府下关换得一套别墅，外加一辆宝马时，你就把它卖了吧，你看你这么一年一年地跑着、管着，也挺辛苦的。”我有一回这样跟丈夫开玩笑，但当中，其实也有认真的成分。

“你想得美啊！”他笑我。

周围的同事朋友们纷纷在下关买了房，这个话题便被我经常提起来，他有时候同意，说好，到时候买别墅、买车。有时候却又不同意，说不能卖。说到底，他终究还是不肯的，我明白。再说，我们那核桃地，能换别墅还要许多年。

我明白的。作为中国农民的后代，并且从小在农村长大的我们，虽然这时候暂时脱离了农村。可是，在内心深处，我们依然对土地有着无法解开的情结，以及生息相关的依恋。

记得，是在我们买了那核桃地之后一年，孩子她大伯在老家也给她单独培植了一小片核桃地，并且，一年一年地给犁着、管着，在家里强调，这是单独给她的。这是他作为大伯，代表全家给一个老吉家的后代留的一份小小的财产，这财产包括那片地，以及那上面的核桃树。

六

我少年时关于打核桃的最深切、美好的记忆，是跟着我三姑和阿俊、从发两位表哥去邻村的“阿老”家打核桃。

"阿老"事实上是我表姐和两位表哥的继父，只是，不知道为什么，我表姐和两位表哥一直就叫他"阿老"。我三姑对人称呼阿老时，说"阿俊家阿老"，阿老对人称呼我三姑时说"阿俊家妈"，有时候说"从发家妈"。我跟着表哥、表姐，也叫他"阿老"。

那时候两位表哥还小，三姑每季的地，都是阿老过来犁的。另外，家里有什么重活时，阿老都过来做。我印象最深的是砍松明子，在村庄里砍松明子，那一定是男人的事。我记得那时，每隔一段时间，阿老就会砍一背松明子给三姑送来。当然，阿老家里的许多事三姑也都去做，什么栽秧啊割草啊等等。阿老的草屋要续新顶时，我三姑去割草，要割半个月才够。

三姑和阿老就这么来回地"在"着。阿老很疼爱表哥、表姐，三姑也照料着阿老的生活。因为三姑和表哥、表姐对我的疼爱，阿老爱屋及乌，也疼爱了我不少。

打核桃那天，我们是早饭后去的。到村里后直接去了阿老的一棵核桃树下。阿老已经等在那里了，并且准备好了竹竿。记得和阿老一块的，还有阿老同院里的他的两个侄孙，那两位哥哥的年龄正和我的两位表哥相当，几个人平时就是像穿着一条裤子一样的好。

三姑先拿下别在腰里的镰刀，一一地割开了核桃树下茂密的杂草。之后，阿老歇下烟锅，拿起那根用得发亮的竹竿，开始打核桃。随着阿老竹竿的敲打，树上的核桃连带着叶子纷纷如雨落下。那些核桃，大多数都已经咧开了嘴，有的才掉到地上，青皮就已经全部摔开了，直接就可以捡起来敲开了吃。

待阿老把低处的核桃打完，就轮到几个早已摩拳擦掌的男孩上场了。都是十来岁的少年，爬树是最快乐的事。几个人噌噌上了树，拿着竹竿，你指挥我我指挥你，把高处的核桃一一都打落了下来。那个爬得最高，打下最高处的、最后的核桃的人回到树下时，有着英雄凯旋般的荣耀和自豪。

捡核桃的篮子也是阿老准备了来的，除了篮子，还有竹兜和撮箕。我们用竹兜和撮箕捡了核桃倒在篮子里，阿老再一背一背地往家背。核桃捡到后来最是有兴味，看着地上的核桃都捡完了，但我们总是相信还有被遗漏的核桃，于是各自拿着竹兜和撮箕又在树下仔细地"扫荡"几回，等在哪个不注

意的旮旯里发现了一个核桃，就像淘金人捡到被人不小心遗落的金子一般欢呼一番。

打完核桃回到阿老家，才知道阿老已经早早在灶上煮了腊肉，肉香一阵阵从灶房里飘出来，引人馋涎。阿老把背回来的核桃都堆在堂屋里，我们都图新鲜，拣着那些裂了皮的，不用借助刀子，直接用手就可以裂开。刚刚裂了皮的核桃放在竹兜和撮箕里，上面还留着丝丝白色的从青皮上带下来的细筋。我们一边裂核桃皮，一边敲了吃，从核桃树下就一路吃过来，一直还没吃够。那核桃的鲜香甘美，我后来每忆起时，便觉得，那是那时时光的甘美滋味。

我三姑做饭，收拾东西。阿老挑水。日影西斜时，三姑做好了晚饭。那一盆子切好的温润黄亮的腊肉，散放着幸福的光。

晚饭后我们要回去时，阿老把我们裂好皮的核桃装了一大兜让三姑背上，说让亲戚和家人们都先尝个鲜。

阿老的核桃树，具体有多少我不曾知道，只是一年一年地吃着核桃。村里的完小就在阿老的那个村子里，我们在学校里读书，两位表哥在阿老那里吃饭，许多时候带上我一起。阿老院子的门口有一架茂盛的洋瓜藤，在某个季节里，上面吊满了大大小小的洋瓜。阿老用腊肉炒的洋瓜，又香又面。

那架茂盛的洋瓜藤，后来想必是不在了。阿老故去以后，他的老屋由侄儿和侄孙们给照看着。前年春天里我回老家，因事去到那边。阿老的一个侄孙，之前是村里的干部，我在乡上工作时我们一起共事了多年。他指着他们家墙外一棵绿荫初匝的高大的核桃树告诉我说："这个是阿老的核桃树。如今是我哥哥给管着的。"

七

我想着，给小天则寄一点核桃。他是我在一次笔会上认识的一位小朋友，是他爸爸带着他来的。

笔会在大理。那天，我见到他的时候，他正在酒店大堂门外靠左边的两根大圆柱中间拉"一"字，他把两条腿前后一分，轻轻地就下去了，拉出的"一"字，刚好填满两根圆柱中间的空。旁边站着他爸爸，用相机很随意地在给他拍照。他一边轻松地保持着姿势，一边侧过头对着他爸爸笑。之后，他看到了我和我的同伴李萍。

"小帅哥！"这孩子，他的笑容感染了我，我不禁这样跟他打招呼。他很白，穿着湖蓝色短袖T恤，浅色宽筒牛仔七分裤，还有好看的运动鞋。他笑着，眼睛里有着灿烂动人的神采。

这回，他转过来对着我和李萍笑。在他爸爸按下两三次相机的快门之后，他用手轻轻一撑，站了起来。只一会儿，重又拉下"一"字，再次填满两根圆柱之间的空。我想起来，李萍头天晚上对我说过，说昨天下午的活动中，有一个孩子，给大家唱很好听的歌，非常可爱。果不其然，李萍告诉我说："昨天就是这孩子了，给大家唱歌。"这孩子，他在对我笑，我亦对他

笑。昨天我耽搁了，没和大家在一块儿。

这个下午的活动安排是游蝴蝶泉、洱海、南诏风情岛，最后返回大理古城吃晚餐。在去洱海的游船上，我们恰好又在一间。“小帅哥！”我叫他。他又对我笑了。倚着船栏，我们看着洱海、吹着海风。我问他上几年级了，平时学习之外又学了什么才艺。他说在上二年级，课外学习小提琴和书法，说完还比了一个拉小提琴的动作。“小提琴拉得好吧？”我问他。“还好。”然后他说出了一长串会拉的曲子，里面有许多曲子的名字我都没听过。“你好棒啊！”我由衷地夸赞他。

他叫我“阿姨”。因为有人站起来离开了，他于是搬了一只凳子来给我，“阿姨您坐。”我想起李萍说的话来，于是请他唱支歌，他果真大方，只略一沉吟便回答说：“好吧，唱一支。”他唱歌的样子真好看，明眸皓齿。我轻轻拍手为他和节拍。等他唱完了，所有的人都热情地为他鼓掌。“唱得真好。”我又夸他。

在大家的夸赞中，他唱了好几首歌。在他唱那首《隐形的翅膀》的时候，他的眼睛在礼貌地看着大家的同时，有一半看向海上，眼神清远，他的头因为歌曲的节奏，微微地左右摆着。我被他深深地感染着。在他的这场小型的“个人演唱会”之后，我感觉我们成了朋友。也因为他，他爸爸和我们相互做了自我介绍，

干核桃果

从他爸爸的介绍中得知，他们父子俩来自山西，爸爸在山西省社科院工作。

那天晚餐快结束的时候，他送给我一个礼物："姐姐，这个送给你！""哇……你现在改叫我姐姐么？"我惊奇地笑起来。他不说话，对着我笑。他送给我的是一个钥匙扣，上面的挂件是一只微型青花瓷碗，在碗里面，是用清胶固定的晶莹的米粒和红豆，是八宝粥的样子，其间，一只比例相当的小瓷匙里正舀了一匙，清莹的样子，让人想着那一匙若入了口，必会有着满口的温润和美好。他也送了李萍一个礼物，是一个"心"形的绣荷包。我后来想起来，这个青花瓷碗，下午在蝴蝶泉的时候我见他带着的。

他的名字是后来李萍告诉我的，说他爸爸叫他"天则"。笔会那天就结束了，我当夜就回到了家。那只青花瓷碗的礼物，我回来放在卧室妆台前的桌上，每天看见里面温润的"粥"。来而不往，是为无礼。我想着，我该给他寄点什么礼物。

给他什么礼物好呢？我想来想去，唯有核桃。一如我之前曾把核桃寄给我的那些如核桃般蕴藉、醇香、美好的朋友那样。是的，我就寄一点核桃给他。在我核桃之乡的漾濞，唯有核桃，能表达我最朴素和深挚的情谊。

我常常回想着他的歌，他那灿烂美好的笑容。愿他早日收到我寄去的核桃。愿他快乐。

核桃粥

有一个村庄叫光明

在光明，你会发现，人会变得特别安静。你看，村庄是安静的，核桃林是安静的，阳光也是安静的。在这样的地方，人会自然而然地安静下来、缓慢下来，你不必焦急，岁月恒久，你跑不到它的前面去；你也不必慌乱，天，地，阳光，鸟鸣，流水，清风，云朵，往事，还有你，都在这儿了，没有离开，没有欠缺，一切，仍保有着最初的纯真和温暖。

光明是一个村庄，在云南漾濞。村庄坐落在苍山西坡一片和缓的坡地上，在这里，人们看苍山上的云，一如看自家屋顶上的炊烟。

光明多核桃，不是一棵两棵，也不是一片两片，而是整个村子就在核桃林中，核桃林就是整个村庄，走进核桃林，若没有向导，你会迷失方向。许多人知道漾濞是中国核桃之乡，漾濞县文联主办的文艺月刊，取名为“核桃源”，显然，在这些概念当中，都有光明的核桃在里面。光明也被人们称为核桃村，“村”，我一直觉得对这个字的定义中，原本有着安宁祥和的意义在里面。

见过许多文章里说枣花开得朴素，细细的，小小的，密密的，一点也不张扬。我没见过枣花，但我能肯定，核桃花是比枣花还要朴素，还要不张扬的花——再不会有比核桃花

更不像花的了，墨绿带黑的颜色，小米穗子一样的花形，一条一条地，特别是落到地上，像极了特大个的毛毛虫，第一次见到核桃花的人，难有不被吓到的。都说“繁花似锦”，光明漫山遍野的核桃花开，却开不出“锦”的模样。

和核桃花一样安静朴素的是核桃林中的人家。这些年，核桃跟金果果似的，一斤核桃能换五斤最好的米，光明的核桃人家，每年收入最少的也有好几万。如此“财源滚滚”，若搁在别处，早要盖起一幢幢别墅式的小洋楼，买上漂亮的车子，很小资地一家人到处旅游了，而核桃林中的光明人家，依然家家青瓦白墙，户户小园庭

光明村

院，门前渠水潺潺，屋后鸟鸣清幽。

清幽的光明，是适合于安放身心的地方。

春天在光明，可以选择在核桃林间以及种着小麦、豆子的田边地角放牧，吆两头老黄牛，握一根很有年头的牧鞭，牛在树下或是田边悠闲地吃草，你手持牧鞭，不是为了鞭策，而是为老牛赶蚊蝇。阳光从尚未发叶的核桃树的枝桠间落下来，你头戴一顶草帽，两肩以及前身和后背被阳光照得暖暖的。风是轻细的，在阳光中褪去了寒意，吹在脸上，有一种痒痒的舒适感。

夏天的光明是绿色的海。满山的核桃叶子是绿的，洒在核桃树上的阳光是绿的，核桃林间的鸟鸣是绿的，山箐的潺潺流水是绿的，玉米地是绿的，山风也是绿的。夏天在光明，满目看到的都是青翠，满地洒落的都是荫凉，人来到光明，一头扎进这绿色的海，便扎进了一个清凉的世界。

去品尝光明吧，在秋天。核桃熟了，庄稼熟了，你在这里品尝核桃，品尝收获，品尝快乐，品尝宁静，品尝农家的老南瓜、老黄瓜炖羊肉，还有去年冬天里腌下的老火腿。在天气渐渐转凉的时节，品尝农家日子的温暖甜美，品尝一份祥和、安宁与快乐。光明的秋天，经过舌尖，轻轻滑进你的心底。

冬天在光明，有两件特别惬意的事，一是晒太阳，二是看云。搬一条小凳，坐在农家的院子里晒太阳，可以很随意地翻一本书，也可以什么都不做，就那样戴一顶草帽，坐在凳子上晒太阳，晒晒前身，再晒晒后背，晒得舒服了，眯眼看一眼太阳。主人家的狗也在门口晒太阳，头枕在两只前爪上，身子弯曲着，像是正有着一个好梦。你也可以去村中的小路走走，看看这收获后的核桃林，看看收获后静静的田野，看看这安详的核桃林中的村庄。偶尔的鸟鸣，分割开阳光的段落。

看云，在低处和高处的感觉是不一样的。在低处看云，云是在你的头顶移动，在高处看云，云就变成了你放牧的羊群。冬天，在光明的山坡上放牧一片云，从上午，到下午，阳光慢慢地走，云慢慢地走，时光慢慢地走。光明的云，它认识回家的路，你看着它走远了，快走到山的那边去了，一会儿，它却又回来了，又回到你的身边，一如你的羊群。

在我的心里，一直向往在光明的核桃林里听一次雨。若是春天，从核桃树的枝椏间落下的雨应该是“沙沙”的、轻轻的，你站在门前，看着雨细细地、慢慢地浸润了灰色的核桃树枝，浸湿了树下两只觅食的鸡。又或是夏天的傍晚，听一场晚来的雨，听唰唰的雨声在核桃林间由远及近，又由近及远，像一片远来的潮，以均匀的速度，一次又一次拍打着海岸。若是秋天，夜雨想必是最有韵味的，你躺在农家的床上，听雨落在院中，落在屋顶的瓦片上，落在屋后的核桃林间，夜阑人静，你身在床上，听着雨声，听着自己。

也曾想象过光明冬天的月夜。青山朦胧，月影斑驳，几声狗吠零零落落。核桃林的月夜，是一首悠远的长笛，被夜风轻轻吹响。

在光明，你会发现，人会变得特别安静。你看，村庄是安静的，核桃林是安静的，阳光也是安静的。这里满山的核桃绝大多数都是老树，树龄数十年，甚至上百年，据说，村里最古老的那棵核桃树，已经有数百年的历史。岁月的历练沉积成一种底气，让村庄变得沉静，让时光变得从容，让日子变得悠然。在村中的一条小路旁，有一棵终于老去的核桃树，古老的树桩静静地站在那里，在它的上面，歇满村庄慢悠悠的往事。在这样的地方，人会自然而然地安静下来、缓慢下来，你不必焦急，岁月恒久，你跑不到它的前面去；你也不必慌乱，天，地，阳光，鸟鸣，流水，清风，云朵，往事，还有你，都在这儿了，没有离开，没有欠缺，一切，仍保有

光阴

着最初的纯真和温暖。

有一个问题，我想了许久：究竟是谁，在这个地方种下了第一棵核桃树？在数百年的时光里，究竟是谁和谁，用年复一年的执着，把核桃种满村庄、种满山坡？是谁，把长长的岁月种在这片黑色的土地上，然后，长出这一年又一年的炊烟，一茬又一茬的收获？没有人告诉我。在这里，人们所知道的是，他们生长在这里，他们的父辈生长在这里，他们的祖辈在这里，祖辈的祖辈也在这里，他们说不清一棵核桃树是自己的祖父栽下的，还是曾祖父栽下的，他们只是传承和延续着祖先留下的这片绿荫，传承和延续着祖先留下的这个名字：光明。

我想当然地这样以为：这片土地上的祖先们，他们给这片土地取名叫“光明”，应该和那些伟大或灿烂的解释无关，而仅仅只是因为，这是一个向阳的山坡，长着满山的核桃，其间泊着一个宁静的村庄，云影山光，明静悠远。

幽静

水岸·光阴谣

除了个别特殊的年景，小城的夏天是多雨的。雨下在那半座老城上，下在老街旧旧的石板路上，总是比别处要多了些韵味。那些落在旧瓦沟里的雨，斜斜地，将夏天划向深处。在那夏天的深处，泊着一方旧旧的、向远的窗。

旧故乡

小城漾濞的底晕是旧的。不说别的，单凭它以集镇的形式存在六百多年的历史，已足够滋养出一种淡定、温婉的旧来。

那段不算太长，也不算太短的历史，更多地凭依于一条古道、一湾江流。古道是西南丝绸古道，它在包括漾濞在内的滇西南境内的长长一段，又被称为博南古道。据说，这西南丝绸古道发端于两千多年前，在时间上，早于西汉张骞的西北丝绸之路。最初作为古道上人马驿站的小镇漾濞，是被古道的风尘和赶马人的汗水滋养出来的一个小小埠头。那一湾江流是漾濞江，它恒久地流过小镇的脚下，在这里打了一个柔和的弯，之后，往远处去了。史书上没有说，这同样名

为漾濞的小镇和江流，到底是镇因江而得名，还是江因镇而流传。人们只知道，一直以来，它们便相依相伴、不可分割。倒是书上说漾濞在历史上曾名为“样备”，是南诏时期的一个小诏。想必那时，这江同样也是名为“样备”的。

称谓的变迁，讲述的本是一种被时光深深浸染的过程。在小城漾濞临江的一隅，在漾濞作为集镇最初的发源地，而今仍保留着一条旧街，街的名字在几经变迁后又回复本然，名为博南。旧旧的古街，两旁许多旧旧的房子，上面几扇旧旧的窗。石子铺的安静的小街，适合在傍晚的时候慢慢地散步。我曾经在一次傍晚散步的时候，在一樘旧旧的大门上，读到三个不同年代的门牌，三个从旧到新的门牌，诉说着往日时光的记忆。

旧旧的老城，适于生长那些旧旧的、温暖的怀想。一位少小离乡的友人，曾向我忆起我而今生活在其间的他的旧漾濞——这个在他的生命里不能抹去的旧故乡，以及下在故乡夏天里的雨。那个永远停留在记忆深处的夏日，雨安静地下，空气清新且带着凉意。一个少年站在楼上，凭窗看对面的山在雨中一片迷蒙，看屋檐上的雨水落进瓦沟里，落在上面的瓦浆草上。故乡夏天的雨，在离乡的漫长岁月里，下成他心头的诗。

小城漾濞是少有人种荷的。有一年夏天，我在雪山河二大桥下看到一畦荷田，在一次次傍晚的散步中，看碧绿的荷叶慢慢铺满水面。之后，终于看着一朵一朵洁白的荷花，开在那一片绿叶间。为着那一道小小的动人的风景，许多个傍晚，我总忍不住要从那桥上走过，走过绿叶，走过花，走过一段清雅的心情。次年夏天来时，桥下还是出现了一畦荷田，只是位置从河的那边换到了河的这边。绿绿的荷叶，亭亭的荷花。只是那样一畦荷田，便宁静了小城的夏天。

两个夏天之后，桥下的荷田便不见了。夏天的桥下，只剩下朴素的稻田。桥下不见了荷田，却有荷花开在怀念中的夏天。“记得淮安还有马厂都有人种荷的。”朋友说。淮安和马厂是小城郊外的两个小坝子，从小城往里走是淮安，从小城往外走是马厂，从县城往州府的公路笔直地穿过马厂坝子。夏天的马厂坝子，公路两旁映入双眼的总是碧绿的稻田，不知道是不是因为人在车上来不及看仔细，所以才看不见那些开在夏天深处的荷。

博南古街

淮安的荷我有一年却见过——我看见的是一畦即将收获的荷田。那是有一年秋天，县里组织的一次田野采风活动。那时节，绿风长长的夏天已经过去了，淮安的田野里到处是稻谷收获后沉静、安宁的景象。在一大片收获后的稻田间，我看到一畦荷田，田里的荷叶已然枯败，水已经放干，看样子，农人就快要来收获这荷田了。一畦快要收获的荷田，它犹如一枚即将采摘的记忆。若是将它逆着季节打开，那些亭亭的荷，便静静地开在夏天的雨里。

农人们在田里种荷，离乡的人在时光里种植记忆。一座

淮安荷花

桥，一方寺院，一个地名，一种风俗，点点滴滴，丝丝缕缕。那些旧旧的地名，那些旧旧的山水，一如农人种下的荷，一枝一叶，在怀念的心里，长成旧日故乡的模样。

其实这么多年，小城漾濞也有许多变化。县城不断地向东、向北发展，道路不断增多。城中的雪山河上，先后有了一大桥、二大桥，马上，还将修起第三大桥。在不远的将来，还将有更大的跨漾濞江大桥，让县城延伸到漾江南岸。春日的傍晚，在雪山河一大桥以及旁边的核桃文化广场上，总有许多老人和孩子在放风筝。彩色的风筝乘着明净的风，静静地飞在小城碧蓝的天空里。

而老街依然在那里，在城下临江的一隅，安静地保持着它那一份固有的淡定、温婉的旧。这些年来，当各处的古街古镇被不断地翻新改造，重新盛装出场，这条而今名为博南的漾濞老街却似一卷发黄的书，在稍稍漫漶的字迹里，缓缓讲述着那些往昔的岁月。这不曾刻意去改变的老街，是小城漾濞不愿刻意改变的旧情怀。

记得有一次，一位外地的作家来到漾濞，县文联常主席招待他，并召集了大家在一块儿闲聊。饭后，作家直接提出要去老街走走，他说他到漾濞，就是冲着这老街来的。其实不只是他，几乎每一个冲着漾濞的旧时光而来的人，都会走到老街去，去看、去听、去读、去体味老街的那些往日时光。这么多年来，在几乎所有外地作家关于“漾濞”二字的文学讲述里，人们都会寻找到这条老街，以及这条老街上的那些深深浅浅的往事。

除了个别特殊的年景，小城的夏天是多雨的。雨下在那半座老城上，下在老街旧旧的石板路上，总是比别处要多了些韵味。那些落在旧瓦沟里的雨，斜斜地，将夏天划向深处。

在那夏天的深处，泊着一扇旧旧的、向远的窗。

云龙桥

作家钱映紫在那篇《古驿道上的漾濞》里写到一位每天在云龙桥上扫马粪的张大妈。“对于外来者，漾濞江上古老的吊桥纯然是一种风景，对于住在吊桥亭子间附近的张大妈，吊桥却是她晚年生活的一部分。在吊桥上晒晒太阳，跟过路的人闲聊几句，更多的时候，75 岁的张大妈就拄着拐杖一个人在吊桥亭子间烤太阳。”“这是 1999 年的 11 月，这个时候，漾濞的冬季还未真正开始。”

这个时间，我还在偏远的老家乡上工作。大约是在四年后，我才真正来到县城生活，在这小城里安定下来。之后，从春末到初秋的傍晚散步才缓慢地成为我生活的一部分，这当中许多时候，我总会去到云龙桥。

我没有遇见那位在桥上扫马粪的大妈。或者是张大妈已

经在上午进城的马匹走过之后扫过桥了，又或者……不知道那位张大妈还在不在。如果张大妈还健在，应该也是过八十的人了。傍晚的桥上，有三三两两前来散步、乘凉的人，当中大多数是年轻人。偶尔，会遇见在这城里认识或不认识的人，带着外地口音的人来桥上，向人介绍这座桥的历史。五百多年了，这桥，是中国现存最古老的铁索吊桥。

云龙桥

紧挨着桥两端的亭子间都有人家。站在桥上，可以大体看见两

云龙桥被列入省级重点文物保护单位

边院子里的情形。

东面亭子间右边的人家，临堤修了一道铁栏杆，院心里有水泥桌凳。院子紧挨桥亭的一角上有一株桃花，一人来高，春日傍晚去了，临着江水粉粉地开着。水泥桌凳的旁边有一个铁焊的花架，春天里开着满架的鸡筞花。

西岸亭子间右边的人家，临堤修的是一道砖墙。院子里紧挨桥亭的一角上，也有一株李树，开着洁白的花。东岸的桃花和西岸的李花，大约是紧跟着开的，具体的时间也说不清。而即便是此刻我在书里查到桃花和李花开的时间，事实上，这些花儿也会因为各处地气的差异，而开花的时日有了差别。

西岸亭子间的左边是一户租住的外来客，卖冰糖葫芦的。那个每天推着自行车在小城的大街小巷卖冰糖葫芦的男子，个子看上去有一米八多，戴一顶草帽，说一口北方普通话。我有一回傍晚来散步，发现那辆自行车停在门外，上面支着那个带纱罩的插冰糖葫芦的草轴，才知道他原来住在这里。院子的门开着一溜，里面传出女人说话的声音以及鸡犬的叫声。

不只是张大妈。云龙桥对于生活在这个小城的人们来说，生活的意义多于风景的意义。从春末到秋初，长长的傍晚，许多人总爱来老街，来这桥上散步、纳凉。偶尔，当特意地带着某个外地的客人来时，人们才又重新把这吊桥当作一道风景，介绍给客人，当一回临时的导游。

桥在这里，近切地看，东面是古城，是博南古街；西面是飞凤山，更近切地说是文殊院。而若是扩大了说，在江的两岸、桥的两边的，从历史的意义说是历史，是历史中那条绵延数千公里、被称为“蜀身毒道”的西南丝绸古道；从生活的意义说是生活，是大山与这小城之间柴米盐茶的交易与交往。

桥上可以过摩托车。两边的亭子间内，西面是水泥预制板铺成的小斜面，东面则是两步宽一台的水泥台阶。有人在这台阶上面架了一道一尺来宽的木板，供摩托车行走，但坡度比西面大了许多。看这窄窄的木板道，常让人担心走过的摩托车会不会有危险，然而事实证明，那些来往的摩托车都熟能生巧，担心是多余的。

听说，这过摩托车的木板道是附近的人家做的，摩托车过一趟，收一块钱。我后来注意到，离桥头亭子间不远处一户人家的屋檐下，一张旧式的上面铺着花麻布巾的长沙发上常躺着一个光着上身、凸着肚子、状如《水浒传》中牛二的男子，想必便是那收费的人了。有一久，在他的沙发旁边又多了一张漆成橙色的四方桌，上面摆着一些农药和喷雾器什么的卖。有一次不经意听到他跟人说话，倒也平和，原来只是样子看着蛮些。

这小城里每周五赶集。有时候碰巧，在集日傍晚去了老街和云龙桥，会遇见许多从对面山上来赶集的人，骑着摩托，架着货物，带着妻子、孩子，要在傍晚的天光里赶回家去。过木板道以及过桥时，女人和孩子下来，男人骑着车过去，到了桥那边，女人和孩子再上车。之后，摩托车在窄窄的公路上一溜烟远去。

云龙桥碑文

远来的江水远来，远去的江水远去。倚着桥上的铁链，吹着傍晚的江风，一时贪凉，不经意，或许便能看到东边天上的一片上弦月，薄薄的，弯弯的，像一小片快要含化了的水果糖。

茶马路6号

茶马路是老城脚下临江的一条僻静的小巷。茶马路6号是这小巷里的一方老院子。因为陈旧而显得灰暗的门楣上，钉着蓝底白字的门牌。从整个房屋以及大门的格局上，还依稀看得出旧时马店的模样。

是因为春日傍晚带着女儿散步，无意间遇见这方老宅院。城下的田野里，菜花金黄，豆麦深绿。晚风晴照，蜂蝶飞舞。

院子是那种过厅式大门，两扇对开的木门，右边关着，左边开着。过厅的地面上，正中铺着一溜一尺多宽的石板，石板两边铺着小鹅卵石。在过厅正中靠右墙（是那种陈旧的木板墙）的地方，侧靠着一辆手推车，手推车的一个轮子向上翻起。听女儿说，她有一次和同学玩的时候，曾进去过这里面。她说，里面有一个很老很老的老奶奶。

这老院子，它让人感觉到一种幽深的吸引。只是，突然地闯进这样一个安静的老院子是冒昧的。是女儿给我找了一个理由，就说是她想借人家的水龙头洗洗手。她说，人家看我是孩子，不会介意的。

水龙头就在过厅尽头的院墙脚。水池边一棵树好像是李树，已落尽了花，正抽出嫩嫩的绿叶。

是进到里面以后，我才发现，在这间正房的台坎下，一条斜斜向下的水泥走道紧依着下面一道不算高的围墙，在那围墙里面，是另外的人家。从这房子外在的马店的格局看，旧时，正房和下面的院子应该是一个完整的大院子，这道围墙，应该是后来才有的。

这正房的里面，一如外面大门的落寞灰暗。台坎的西侧，两三片石棉瓦从外面围住台坎，里面好像是做饭的地方。一个穿着一身粉色家居服的看起来大约三十岁的胖女子（我后来才发现，她好像不是胖而是在怀着孕）正蹲着在做什么事。女儿请求在这里洗个手，那个女子于是送来香皂。正中的堂屋门开着，里面传来一个老人的声音，跟那女子在说着什么。

是女儿说的那个很老很老的老奶奶。在我们临走前去向那个女子道谢的时候，在堂屋门后的暗影里看见了她。她靠着木板墙壁坐着，不太看得清面容，只依稀看得见她脸上纵横的沟壑。她向我们招呼说："进来坐坐吧。"这时，刚才那个女子的声音也从侧间里传出来："又来坐。"那侧间的窗子是雕花的木窗，灰暗的木窗后面，垂着同样灰暗的花布帘。

"茶马路 6 号"的蓝色门牌在门楣上靠右的地方，在它的旁边，还有两个旧的门牌。在左边的是一块旧的也是蓝色的门牌，但比"茶马路 6 号"小得多，牌子的左侧竖向写着"北门巷"，已有些模糊不清，正中写着"5"，下脚是县公安局的落款。在右边的是一贴四方的纸门牌，右侧竖向写着县名，中间也是写着"6"。这贴纸门牌，想来是比那个"5"号更早时候的门牌，纸牌因为时间久远，早已变成了陈旧的白色。在大门左侧的门缝里，夹着一张电费通知单。两扇木门上的门神画，看起来特别的鲜明。

时间之谜

古街静日

曾经，在非常长的时期里，老城都一直是一片繁华的所在。

当地学者杨纯柱老师有文章写漾濞老城，说旧时这城里有四川人建的“川主庙”、江西人建的“江西祠”、大理人建的“太和宫”，以及永安客栈等两三家每家都能容纳三四百匹骡马歇脚、加料的马店客栈，以及周家巷、汪家巷的几处“四合五天井，走马转角楼”的深宅大院。除此以外，有历史的建筑还有民国时期所建的二院一庭，有亭台楼阁和水池的县衙门，田冠五将军故居，田树五将军故居，以及段氏七格铺子等。“纵横交错、深邃悠长的古街巷道，将古城区分割成12片居民区。街坊相邻相依，巷道四通八达。其中卖牛巷（今来龙巷）位居古城中心地段。明清时期的建筑比比皆是，民国政府衙门、兵役局、县立中学、卫生院等机构也分布于其巷道两旁。”

繁华褪去的老城，安静的巷道里，最适合傍晚的散步。

曾经有一段时间，我几乎每一次，都在文化巷的那个固定的拐角，那座安静的落满时光的木门前遇见那位老奶奶。每一次，她总是坐在门前的木墩上，问我：“孃孃，现在几点了？”一开始，我总是拿出手机看看时间，然后很认真地告诉她，后来慢慢听人说她总是这样问，每遇到一个人从这里走过，她都要问时间，即使是接连地有人走过，她也要接连地问。有一次我从这里走过，她问我几点了，我就告诉了她，一个多小时后，我回来，她再问我：“孃孃，现在几点了？”她根本就不记得我刚刚才从这里过去，她也不记得我以及从这里走过

的人所告诉她的时间，她只是不停地问，问人家“现在几点了”。我看着她，又告诉了她一遍现在的时间，然后静静走过她的身旁。

这位七八十岁的老奶奶，她总是不断地向人询问时间，事实是，她早已与时间相别经年——那些对她有意义的时间。如今，时间对于她，只存在于那一句不变的询问里：“现在几点了？”至于别人回答她是几点，都已无关紧要。

是几年前的事了。记不清，从什么时候，那道木门前已没有了那位老奶奶。每次走过，木门总是安静地关着。门前的两个木墩默默地空着。

像一个时间的谜。

住下·云上的缓慢时光

3月中，听得秀岭梨花开成一山春雪，便选个有月光的时间，去梨园的山庄住下，待夜里看月下的满山梨花。梨园山庄所在的位置，可放眼一山梨花，尤其是站在楼上，几可将一山春雪尽收眼底。月下的一山梨花，该是如云似雪，如梦似幻。山风轻细，将梨花的淡淡清香浸透春夜。

苍山西坡大花园

苍山西坡有百里杜鹃，人称大花园。春来，花开满山。

记得那年，时间是3月末，我们沿着紫阳河一路上去，从山脚爬到山腰——当然，山顶还只能遥望。文友徐迎春正在那里修一座电站，邀大家于周末去看花开。杜鹃花从山脚一路向上开去，漫山花开，恰是花开冉冉、春色层层。电站正在修建，旁边的迎春山庄也还未见雏形。在一山春色的包围中，晚餐是在工房前的空地上吃的，羊肉汤温暖，而红酒明艳。

春天原是一条看花的路。苍山西坡大花园，有多少个春天，就有多少条路可以通向她的花开。在从县城往里二十多公里的漾江镇，山上的花开时，便有马队专门送游客上山看

古树杜鹃

花，山上一个叫官房坪的地方有一家农家山庄，可以供游客吃住。

骑一匹马儿，迎着春风去看花开，人间春色，想必不过如此罢。听说，官房坪农家山庄的土鸡和菌子特别美味。还听说官房坪的夜，可以听到最清明的风，看到最多最美的星星。

秀岭梨园

3 月中，听得秀岭梨花开成一山春雪，便选个有月光的时间，去梨园的山庄住下，待夜里看月下的满山梨花。

秀岭这地方，老早时候是茶马古道之要，山上有著名的一寺一松。寺是大觉寺，寺院的阁楼式山门楼名为放雪楼，凭立放雪楼上，东面苍山雪峰遥对，皑皑逶迤。历史上，曾有众多往来于此的各地名人、墨客在此留下题咏。松是秀岭孤松，漾濞有一副旧联说：“秀岭孤松东西南北风债主；漾江独石前后左右水冤家。”此联的作者一直有争议，更多的说法是林则徐。相传当年，云贵总督林则徐前往永昌府平定回汉纠纷，返回时路过秀岭大觉寺，与寺中姚长老趣对风雨，留下佳话。

寺是后来抗战时拆去的。滇缅公路沿古道从秀岭而过，大觉寺“为国捐躯”。孤松亦早已不再。而秀岭的梨花月夜，却遥遥应和着当年放雪楼的悠悠余韵。梨园山庄所在的位置，可放眼一山梨花，尤其是站在楼上，几可将一山春雪尽收眼

官房坪

底。月下的一山梨花，该是如云似雪、如梦似幻。山风轻细，将梨花的淡淡清香浸透春夜。

又或者，就下了楼，踏着月光，沿着梨园间的路走去吧。去踏尽那一树梨花一树影，踏尽那万树梨花一场春。

又说，秋夜亦可住在梨园。满山的梨果，散放着成熟的香气。白日里摘梨吃，晚饭时吃山庄的烤羊或是菌子火锅。入夜，闻着风里的梨香愈加浓郁，躺在床上，该会有一夜好梦吧。

而东面的苍山在这时候，已经有了隐隐的初雪。

光明农家

夏天去住在光明顶。

除了满山核桃树的清凉绿荫，夏天的光明，适合在夜里听一场雨。

雨从黄昏开始下起来，下在万亩核桃林上，入夜，渐渐淅沥有声。农家把场院里的桌子、板凳啊，篮子、草帽啊都收到了檐下的台坎上，看家狗安静地蜷在厨房门口。客厅的电视里放着台湾、香港、北京、上海以及不被冠名的现代城市的喜怒哀乐，主人家歇下一天劳作的疲累，渐渐在沙发上打起了哈欠。给客人的床是晚饭后就安排好的，上面铺着干净的垫单和被褥。洗脚的热水乘晚饭后的余火烧好在水壶里。客厅橘色的灯光从门框里射出去，打在院心湿漉漉的水泥地上。

待人在床上躺下来，雨声似乎又更清晰了些，滴滴落在头顶的屋瓦上。中间起了风，淅沥的雨声变得飘摆起来，不久，重又安静地回落。雨若下得大时，听那屋瓦上的雨声，仿若万千奔马从千里之外滚滚而来，又似不绝的

❶ 秀岭梨园
❷ 秀岭梨花

光明农家

惊雷起自遥远的天际，隐隐滔滔。直至夜半，那雨声，终于渐渐又缓和下来，一滴一滴，似落进一片安静的荷塘；又一缕一缕，仿佛一曲从远处传来的悠缓的琴声。

雨停的时候，半明的天光打在窗上。农家的院门外，鸡犬之声杂然。

石门山庄

朋友迤君写过一篇《石门关听泉》，写的是夜里住在石门关外，听关内的清溪流淌，并且，在傍晚和黎明，听关外福国寺的钟鼓之声袅袅散开。“福国晚钟”，那是旧时漾濞八景之一。迤君在文里还写到了福国寺的往事，以及寺里的那一副名联，那联在寺里大雄宝殿的楹柱上。

石门关外现有大大小小几家山庄，建得最早、离关口最

近的石门山庄，院子呈梯次而上，下院宽阔，为停车场和餐厅；中院休闲，院外西侧又带一个小院；上院住宿，门墙相衔，自成一院。从下到上，院中花木纷然相接，一曲流水从上院的侧面汩汩而下，经一个曲尺弯流过中院，又跌两个小坎，流进下院来。水流清澈，触骨清凉。

从中院到上院要上几步石阶，上了石阶就是大门，门上有匾。听人说是秋水有声，秋夜，这渠里的汩汩流水声想必是愈发地清晰起来了，还有数十米外那石门河水的淙淙之声。夜风清朗，月色当窗，能听着这月下的流水之声的人，他在这静夜里听见的，想是还有他自己。

石门山庄的花，似乎每次去时总见开着，这样那样的花，有许多说不上名字来。下院里餐厅门外的花台里记得有两株绣球，团团的花球，淡绿中带一丝浅紫。从中院到下院的跌坎处有一架叶子花，艳艳的紫色，伴着流水，一年四季地开着。

福国寺

不知道，有没有人，听到这花在静夜里开放的声音？

博南古街

博南古街

或者，去住在漾濞江岸的博南古街。

古街上没有人家专门开客栈。你可以选一方小院，从七格铺子再过去几步就好。与主人家商量了，住在楼上临窗的房间。窗子是旧式的木框小玻璃窗，木窗框上暗红的油漆因经年的风吹日晒而带上了浅浅的灰色。推窗而立，看楼下石子街上骑摩托车的年轻人一溜烟地驶过。看一位脸庞上印满时光印记的老奶奶临街慢慢撕着一盆豆角。看街下侧一段废墙基下，杂七杂八地开着红的黄的说不出名字的花。

江在街下，看不见。看得见江对岸的飞凤山，山上林木郁郁葱葱。看得见山脚的老君殿和文殊院，尤其是文殊院前的那一尊观音佛。

看得见云龙桥。桥东面的一半被桥亭挡着，只看得见西面的一半。桥上走着人、狗、羊群、骡马、摩托车。阳光暖暖地落在桥亭的旧屋瓦以及桥面的旧木板上。

若是有一个足够长的假期，你便好在这古街上，从春天住到夏天。将伙食费交与女主人，一日三餐与主人家同吃。小城的农贸市场里多的是鲜鲜绿绿的时鲜菜蔬，女主人的手艺大抵没得说。午后读书，闲坐，或是到桥对面的文殊院里坐了喝茶。傍晚，可以在古街以及小城的安静巷道里散步，或者过了桥，去看对面山脚田野里的豆麦。

入夜，你掩了木窗，但是江声在那里，夜越深，江声越来。或许有月光打在窗上，你在模糊的梦境里，分不清那在窗上的，究竟是月色，还是江声？

漾濞书

城，桥，树，鸟，郊游，寺观，时光远道。一个人与一座小城的相互解读、相互书写，见证时光缓慢温情的流淌。春去秋来，花落花开，在季节一遍一遍的轮回里，城依然，树依然，唯有脚步，将时光渐走渐远。

城

春分过后，随着天光渐长，慢慢地便要开始那晚饭后的散步了。

这座滇西群山腹地名叫漾濞的小城，它的大小，恰好够人们在每天的饭后慢慢地踱量；它的气息，恰好适合人们在一天的忙碌之后闲闲地漫步。我和朋友常去的地方，是城下的老街和云龙桥，或是东边城外的团山。

老街和云龙桥其实也还是小城的组成部分。老街在小城最下面临江的一隅，在老街的尽头，云龙桥悠悠地吊在漾濞江上。这老吊桥据说始建于唐代，历代几经重建和修葺，至今已然有千年的历史，而老街作为集镇的历史比桥的历史要早得多，在看不见的时间那端，这临江的集镇，是古西南丝绸之路上的一个重要驿站。也正因为如此，百年前漾濞建县时，这里成为县城的初发地。

而今，老街是小城脚下安静的一隅，适宜于饭后安静的散步。每次，我们总是从老街这头鸭子坡的石阶那里下去，之后，踏着老街的石子路慢慢走，走到云龙桥。有时候去得早些，太阳还在江对岸的飞凤山头斜照着老街，我们便要拿手或是拿包遮着额头。有时候去得稍晚，回来的时候，能踏着一街月色。

云龙桥上是一定要逗留的。站在晃晃悠悠的桥上，倚着漆成红色的铁链，往上，或者是往下，看熟悉的风景。有时候，看桥正对面飞凤山脚的文殊院，以及院墙外高台上的观世音像。凉风习习，桥下的江水如旧流淌。桥两端都有小卖店，渴了可以在里面买水喝。

我们有时候也走到桥那边去，沿着山脚，向下或者向上走一段，向下时顺着江流，向上时逆着晚风。向下走的时

候，路上面有一小片核桃园，园中还有梅子，核桃和梅子枝叶浓密，望之清凉。

老街两旁旧屋顶上的瓦浆草是要记一句的。那些旧屋，有的或许是很久没有人住了，只有旧瓦沟里的瓦浆草一年年地长着，也不见绿叶，只在灰色直立的枝顶上开着红色艳丽的花朵。我之前一直不认得这花，是听一位朋友说的“瓦浆草”，也不知道是不是这种

古城俯瞰

草，不管它，且这么叫着。

另外是东边城外团山那地方。那地方还有一个名字：回族坟。一座不大的小山包，山上的树木间都是回族坟。一条小路从山下往东面绕上去，一直到那平缓的山头。大约三四年前，这条小路铺成了水泥路，去这里散步的人愈多了些。我们常遇见的有四对夫妻，最初遇见的那一对夫妻，听说如今已离开小城到省城儿子身边去了，另外的三对夫妻还常遇着。清凉的小路上，大家相互打招呼、问候，然后继续各自的散步。

团山还有一个名字叫“大地心”，是我去年才听一位朋友说的。朋友离乡多年，有一次向我问起“大地心”。我弄不清哪里是大地心，朋友回答说，就是回族坟啊。当我想要弄清那地方为什么会叫大地心时，朋友却也解释不清，只忆起一些少年时的关于大地心的零星往事。

在团山的最上面，多年前曾有一个鱼庄，我曾去过一两次，里面有一个很大的鱼塘。

后来不知怎么，这鱼庄关闭了。那是在团山的小路铺成水泥路之前的事了。而今，团山的小路成了人们散步的地方。上到上边时，路的右边有许多良田，长着不同时节里的作物。晚饭后，慢慢地散步到了那个地方，常常是夕阳晚照，凉风轻徐。淡淡轻风里，有时候会遇见一个牧羊人，背着篮子，赶着羊群，从小路向山下而去。

偶尔，我们也到东边更远一些的竹林寺，或是北边的黄庄坡去。像这样晚饭后的散步，从春末开始，可以一直到快近中秋。

桥

之前，雪山河只是从城边流过。

这条从苍山下来的河，从北向南一路下来，流过县城身侧，在县城的脚下汇入漾濞江。那时候，小小的县城区还全都在河的西岸。

隔河的东岸都是田野。过了河，田野有两个层次，紧挨着河的第一个层次只有两三百米宽。之后，再跃上十米左右的高度，是第二层次。这第二层次是真正的田野了，宽展，舒缓，有着那种山间坝子的优美风光，夏天里满眼舒适的碧绿，秋天里满坝沉静的金黄。那时候，雪山河上只有一座桥，在雪山河汇入漾濞江口往上三四百米的地方。桥离水面不过四五米高，桥也不长，也就二十来米吧。不多的车

雪山河一大桥、二大桥将东西两片城区连在一起

子走在上面，从外面进来到县城；或是从县城出发，穿过下街的老居民区，去往外面。

后来是10年前，雪山河上有了第二座桥，在原来的桥往上一公里多的地方，桥长两百多米，桥面为双车道，高高的一排桥墩巍巍地立在河心。这时候，两座桥的名字就有了分别，老桥的名字被确定成“雪山河桥”，而新的大桥则叫“雪山河一大桥”，又叫“新大桥”。桥连接着河的东岸，经由这座桥的连接，河的东岸，慢慢变成了县城的一部分，人们把它叫作“东片区”。

东片区的建设一年一年推进，许多原来在老城区拥挤着的单位一一搬到了东片区，随之，盖起了一栋栋住宅楼。之后是房地产商来开发建设了这个县城里的第一片连排别墅“核桃城”。而最重要的是，这里建设了县城最大的休闲广场“核桃广场”，平日里供人们休闲、跳健身操，节庆时可举行大型活动。宽阔的广场，为这里聚集了极大的人气。

再后来是四五年前，雪山河二大桥建成。二大桥在老桥和一大桥中间，桥长 240 多米。两座大桥，分别从老城区两个十字街的横街连接向东片区，进出县城的新的宽阔公路自一大桥建成后也从东片区穿过。在从外面进入东片区的路口处，立着高大的钢架三角形广告牌，上面的广告，一年一年变换着不同的内容。

除了交通的功能，两座大桥同时也是人们可以休闲和观景的所在。每年春天到来，随着天气变暖，桥上的人就慢慢多了起来，老城区的人们走过大桥，到东片区去，或者东片区的人们走过大桥，到老城区来。每到傍晚，桥两侧的人行道上都是休闲散步的人们。也有一些人，来到桥上，只是静静地倚着桥栏看风景，一个人独静，或是两个人并肩，任散步的人们从身后走过。还有人在桥上以及桥头那边放风筝，大多是一些退了休的老叔叔，带着可爱的孙儿孙女。风筝总是彩色美丽的，在半空里飘飘悠悠地飞着，散步的人看着他们，风筝和人都是风景。

我住的地方离二大桥近，晚饭后要往东片区去散步时，走的是二大桥。桥下河边那第一层次的稻田还在着，仍依着季节种着作物。有一年夏天，桥上方东岸的稻田里有一丘种了荷，开了洁白的荷花，我每次从桥上走过，便要看那桥下的荷。第二年，荷田移到了桥的下方，位置从原来的河东岸换到了河西岸，夏天里，仍开出洁白的荷。为着桥下那荷的缘故，我总有意无意地在这桥上多走了几回。

“你站在桥上看风景，看风景的人在楼上看你。”在这桥上，来来往往的人们走着，看着风景，同时，和桥一起，成为另一种风

景。老城区和新城区在桥的两端，雪山河已然成为一道中轴线，站在桥上，顺着河往北看，是苍山；顺着河往南看，是飞凤山，以及飞凤山后面的秀岭。

而今，雪山河上又要建起三大桥。三大桥在一大桥上面500米的地方，三大桥将要连接的，河西面是涵轩小区，河东面是苍山西镇中学，以及新的县城规划区。

河与桥，它们是彼此眼中的风景，并且，一起装饰着身边这座小城的安宁岁月。

树

县城新区

小城街道两旁的绿化树，老城区这边更多的是小叶榕，

榕树下的时光

东片区更多的是大树玉兰。

每天上班，我从家里走到单位，有15分钟的路程，除了过十字路口，几乎全部的行道旁都有榕树。炎热的夏天中午，我从家里出发去上班，可以一路上都走在榕树的阴凉里。榕树每年都长高长大，一年一年，低处的枝丫间长出许多气根，飘飘冉冉的，让人读出时光的清宁。

这种小叶榕是常青树，平时落叶很少，大面积的落叶在春天，这一点和本地的大青树（书名“大叶榕”）相同。春天风力大，风每过一阵，街上便落下许多黄叶，和大青树不一样的是，大青树是落完叶子然后长出满树新的芽苞，而这些小叶榕在落下黄叶的时候，新的绿叶已然在枝头，它的落叶是如动物蜕皮式的去旧留新。当春风刮到尾声，黄叶渐渐落尽，满街的小叶榕便尽显出了清新嫩绿的容颜。

东片区街道两旁的玉兰我是三年前才发现的。东片区发展建设多年，这些玉兰，想必是街道建设完成之始就种下的，而我多年来竟未曾注意到，分不清，是我疏忽了，还是因为这玉兰在未开花的生长期里实在是太不显眼了。

玉兰的叶子朴素，手掌大的叶片，正面是暗绿的颜色，背面是带着绒毛的浅褐色，树形也不张扬，稍稍拘谨地站在路边。我终于发现那站在街边的玉兰，是因为一次晚饭后的散步。时节是初夏吧，与朋友晚饭后去东片区散步，无意间，发现路边树上开着的大朵的玉兰，洁白的花朵，开在一片浓绿的叶间。

这洁白的花朵我是熟悉的。老家的山间也有许多玉兰树，年少时，听说区公所的供销社里收购晒干的玉兰。于是，玉兰花开的时节，我们便常常背了竹篮上山采玉兰，玉兰树长得高，我们总要努力地爬上树，才能采摘到那温润如玉的花儿。玉兰花采回家来，在阳光下晒干，太阳大，晒得好时是浅褐色，晒两三天才晒干的则变成了深褐色。听母亲说，玉兰花晒得好的，价钱能卖得更好，为此，采玉兰的时节，我

总是特别地盼望着好天。从采摘到晒干，在那玉兰花的馨香里，寄托着我一支笔或是一个文具盒那样的小小的温暖的怀想。

发现了玉兰后，再到东片区散步时，不自禁地，内心里总多了一分清雅的心情。玉兰的花期长，从四月，可以一直开到七八月。长长的夏季，晚饭后在东片区散步，总要看那路边树上的玉兰花，看那洁白的花儿一朵一朵地开在绿叶间，感觉在这夏天里，充满了安静的、如禅的清凉。

小城的花木里，要说一说的还有攀枝花。我家楼下的院子里有一株高大的攀枝花，根粗可两人合抱，每年春天里，开出满树火红的花朵。这院子以前是县委的办公地，10年前县委搬迁以后，这个小院以及小院外围的整个生活区就被叫作老县委院子。攀枝花树下的小院如今是县老干活动中心。这株高大的攀枝花树对于这座小城，有着一种地标式的意义。有不知道我家的朋友来家时，我常常在电话里这样对他们说："来那棵攀枝花下面，我在楼上的窗口看你。"

县文体局院子里有一株，根粗如小桶，花朵是橙红的颜色。漾江中路的"好常来"饭店门前也有一株，站在一排小叶榕中间，独自高出一大截来，每年春节一过，它总是在第一时间里，开出第一朵明媚的春色。

木棉花开

鸟

年少时在农村老家，知道在所有的鸟儿里，燕子和麻雀离人最近。

燕子是吉祥鸟。村里的老人们总是说，谁家的檐下要是有燕子来做窝，那就说明（在还没有说明的时候，至少是一种预示吧）这家人家庭平安和乐，生活安宁、富足。燕子窝是吉祥的象征、富贵的象征，谁家黑黑的屋檐下一旦结了燕子窝，仿佛家里的日子就有了新的美好

❶ 哺

❷ 小　憩

列阵

的盼望。在乡下，人们对燕子总是充满了喜爱和期待，燕子在屋檐下进进出出，就像是家里的一员。

麻雀也离人们近。麻雀会落在家里的屋檐上、猪圈上、柴堆上，院子里的水池上，以及院子的地上、房子的窗台上。甚至，人在院心里喂小鸡食的时候，麻雀也会落在一群小鸡的中间。麻雀在离人那样近的地方，把院心、屋檐、柴堆、水池以及一头猪的脊背当作它的领地，人一赶，它很轻巧地“扑”地飞走，一会儿，又回来了。

小城里的麻雀也不怕人。在我住家楼下院子里的那棵攀枝花树上，常常有许多麻雀。这些麻雀，一时从攀枝花的这枝飞到那枝，一时飞到近旁的紫藤花上，一时飞到档案局三楼的屋顶上，有时也在老干活动中心的瓦屋顶上或是门球场的铁皮屋顶上散步。它们这样飞来飞去，许多时候想必只是锻炼，或是嬉戏，也或者，纯粹只是一种心情，不为什么，它就想那么飞飞、走走。

档案局的楼梯是外楼梯，楼前还有一片空地。安静的清晨或是午后，麻雀们常常落在没人的楼梯上，或是楼前的空地上。还有一些时候，麻雀们直接落在攀枝花树下的水泥走道上，和人一样怡然地在地上散步。秋天的时候，麻雀们在一地落叶里，我在三楼家里的阳台上，分不清哪是落叶哪是麻雀，只是人一来，那麻雀便“扑”地飞了起来，这时候，留在地上的，便只有落叶了。

商品式的住宅楼里没有燕子来结窝。要看燕子窝得到老街去。老街还有许多旧院子，旧院子的旧屋檐下，常常会有燕子窝，有些是新结的，有些是结了多年的，看泥的颜色就看得出来。有燕子窝的老街，在时光里安静着。

老街上还有几群鸽子，傍晚去散步时，常常看鸽子们成群地在半空中飞，却总看不清是从哪个小院里飞出来的。鸽子们有时候从低处往高处斜飞，像机群升空；有时候从高处往低处斜飞，像是轻盈地滑翔；有时候，它们在老街的上空缓缓地绕圈，像是巡视。飞累了的时候，鸽群会成排地落在某一栋瓦屋的屋脊上，这时候，它们中的大多数安静地站着，有少少的两三只在屋脊上左右漫步，那样子，像是一幅油画里的风景。有一次，我们走到了江对面核桃园下的小路上，见一群鸽子低低地斜飞过江面，夕光淡淡，江水清流，白色的鸽群，像是这傍晚安静的背景音乐。

我有时候在家里的阳台上也能看到这些鸽群。傍晚的时候，临窗而望，可见白色的鸽群在老街的上空，以及对面的飞凤山脚下来回地飞。自然，在我的视线不能及的地方，它们一定也来来回回地飞过城下的江面。

同事李晓波写过一篇文章，在里面，他和女儿常常看见一群鸟，后来，父女俩追寻这群鸟的去向，发现它们常常飞进一个院子里。父女俩确认并寻进那个院子时，发现院子里有一株枝叶浓密的榕树，榕树下的地面上，落满了鸟粪。

在快到我上班的大院门外的路面上，每年也有一段时间落了斜斜的、密密的一溜鸟粪。开始时，我没明白过来，后来才注意到，在那溜鸟粪的上面，是斜过街面的一排电线。看地面上那密密的鸟粪，可以想见夜晚在那上面歇了多少鸟儿。

住家近旁文体局院子的树上也有许多鸟儿。楼下院子里的攀枝花树上，春末夏初时常常有布谷鸟的叫声。

只要我开着窗，鸟声，便常常清越地飞进窗来。

郊游

周末或假日郊游休闲，小城的郊外有许多好去处。

最近的是小城隔江对岸的飞凤山望江亭。望江亭在飞凤山的东翼，顾名思义，登临亭上，可望江流。望江亭一共五层，一层有一层的高度和视野。在最高处凭栏远望，便见从西北而来的漾濞江，在城下拐了一个手臂弯，轻轻环住小城。之后，缓缓向东南流去，视线之内，江流与小城，尽收眼底。许多介绍漾濞县城全景的江城相依的摄影图片，便是从这个角度拍摄的。

1

2

❶ 飞凤山望江亭

❷ 涧流

亭下周围全都是郁郁葱葱的树木，亭内院中有秋千架，春夏时节，院中地上冒出许多野生的水仙，粉红的花儿，开在新草尚未发绿的地面。几乎每年，我们都有一两次要上这望江亭，几个朋友约着，带上孩子，穿过老街和云龙桥，再斜斜地爬两公里的山路，去到望江亭。去时，带些卷粉、矿泉水，以及别的零食。到了，孩子们荡秋千，在院内追逐、嬉闹；大人们登亭看风景，在亭下的台阶上闲聊，各得其所，怡然悠然。记得那年，母亲从老家来到我的身边。周末，我带母亲去望江亭，登上亭阁最高处，看山下的江流以及江水环抱的小城，母亲好一番感慨。

若是春日的郊游，有一个极美的去处，那是县城十来公里外的秀岭梨园。出了县城，过河西大桥，不远，又过一条名叫石月亮的小河，之后，一路S弯向上，一直上到山顶，便是梨园。我曾看过县电视台拍摄的秀岭梨花，漫山遍野，如雾如雪，如梦似幻；还有漾濞时讯社记者拍摄的照片，美不胜收，不似人间。梨园内有山庄，山庄里有当地的特色美食。每年春天，秀岭的漫山梨花，不知引来多少慕名的游客，沿着一路S弯的盘山公路前来寻访。

说起来，在小城生活多年，我至今还未在春天去秀岭看过梨花。一年一年的春天，听着去了的同事或朋友回来说：秀岭的梨花开得真美。这我知道。漫山如雪的梨花在那里，只不知要待何年的一次机缘，才会终于引我站在其间，将内心里全部的赞叹，化作一注无声的凝眸。

夏天要上光明顶。光明是一个隐在核桃林中的村庄，在苍山西坡高处一片和缓的坡地上。夏天的光明，是一片绿色的海，村庄里数不清的老核桃树，覆盖着年复一年的绿荫，绿荫里挂满核桃果，还有蝉鸣声，绿荫下的人家，一如既往的安宁和平静。在光明的核桃林下散步时，人常常会忘了一直羡慕的东篱采菊、南山种豆，而只想着，就在这里，在古老核桃树的绿荫下，筑一间瓦屋，守一方小院，再在院外种两畦辣椒、芫荽，看季节流转，倾听时光安静的步履。

秋天是哪里都可去的，在秀岭吃梨，在光明吃核桃，在苍山脚下美翕村的李家庄苹果园摘苹果。秋天的石门关，溪流明净，秋色层层。沿着清溪进到关内，还可以从石壁的栈道一路爬上去，一直上到玉皇阁和千佛顶。数年前的一个秋天，县委办、县旅游局和县文联组织了一次石门关采风活动，那时，秋光晴澈，秋色澄明，玉皇阁下面金鞍寺里的波斯菊和千佛顶上的苍山秋色，多年来还一直清晰地印在心底。

有一年冬天的郊游，几位好友约着去爬苍山。从县城出发，

石门关

一路向北，约十公里，到山脚的雪山河一级电站。之后，顺着电站的引水管道一路向上爬。飞机草深得没过头顶，汗水湿了衣衫。我们一直爬到了电站前池，又再往里走了一段，在电站沿水渠边的一处平地上烧了一堆篝火，用带来的小茶壶煮野薄荷茶，在方便餐盒里吃晓洁精心准备的凉米线。远处，隔着深箐的对面山坡上，一片红色的土地中间有一院瓦房。当看见那方小院时，一路的疲累，一时化作安宁。天高云无语，山深有人家。

冬天在小城近郊还有一处可去的地方，是从小城进去不远的茂石江。茂石江其实是一条小河。我是看文友杨木华在文章里写的：周末，骑着摩托车，带着儿子，去茂石江捉鱼。河岸的芦花在阳光下摇曳，父子俩，捉鱼、采芦花，在河岸晒太阳，悠游儿时，缓缓归来。

寺　观

在小城的周围，有好几处安静的寺观。

最近的是云龙桥对面、飞凤山脚下的文殊院。说起来，我与这

普光寺

文殊院也有些缘。那是数年前的一个初冬，母亲第一次从老家来我的身边。周末，我带母亲去望江亭。下午的天气有些热，又兼走了山路，返回的时候便有些口渴了。经过文殊院外时，我建议母亲进寺去讨口水喝，因此机缘，我认识了寺里的尼姑法积小师父。

之后，我得空时便会到寺里去，拜拜佛，见见法积小师父，也带点香油及水果之类的心意去敬佛。法积师父总是一

身素净的寺服：灰色的帽子，灰色的衣裤，灰色的僧鞋。我去时，她便抽时间与我闲聊几句，与我说些我能明白的近易的佛理。有一次我去时，心怀伤恸，在佛前哭泣。法积师父等我拜过佛，前来扶我，对我说不要这样伤怀，佛会明白你的。夜里，我和法积师父一起睡在她窄窄的木床上，又听她说了许多话，原来，法积师父也是伤痛过的，只是而今，她陪伴着佛，平静了。

是我愚钝。我是在许久之后才知道，文殊菩萨是智慧之主，点拨凡人之心意智慧。想起来，我之前一次次拜佛时，竟不明白面前这佛的来意，只是怀着如法积师父说的“佛会明白你的”这样模糊的意念，在跪拜时，祈愿心中所结能得开解。真是想起来就觉汗颜。佛若是没有心怀，定要笑话我这俗人的愚钝了。这时候，法积师父已经不在寺里。我还依然愚钝着。不知道法积师父离开寺里的时候，是否揣上了佛给她的智慧。

文殊院

❶ 文殊院的大鼓

❷ 文殊院的大钟

离文殊院不远，在去望江亭的山路旁，有一座老君殿，是供奉太上老君和老子的。平日去望江亭路过这里时，见这老君殿常关着门。有一次我好奇，想凑近门旁去看看，不想扑出两三条大狗来，吓得我三魂丢了两魂，仓皇逃之，且之后再不敢近前。倒是从门外路上，看得见正殿的门是彩色雕花的六合门，艳艳的，很安静。

福国寺

记不清具体是什么时间，但我知道每年总有一个时候，云龙桥头及县城的一两个人多的地方会看见淡黄的或是浅蓝的布告，说是老君殿要办年会了，欢迎各界人士光临。看见时，有时候是时间还没有到，有时候又已经过了，我总也没能见识老君殿年会的情景。也不知道年会的时候，老君殿里的那几条大狗是否关了起来，会不会不小心吓到了前去敬拜的人。

城北的黄庄坡下有一座城隍庙，也就是土主庙，当地人又叫它二月十九街庙，供的是民间传说里守护地方安宁的土主。这庙里没有出家的僧尼，但听说有俗家师父，可为前去敬问的人点拨释疑。有一次我听好友笑谈前去这庙里敬问的经过，说那师父的点拨果然灵验，回来之后，疑困顿解。我为此生起心思，想着什么时候，也去拜访这庙里不露声色的俗家师父。

石门关外的福国寺长久以来声名在外。这座始建于明末清初的寺院，数百年来几盛几衰，当中也出过许多著名的僧尼。近两三月，为县政协编一本文史资料，当中有一篇县政协委员田溥写抗战期间一位县长的文章。文中说，1945 年抗日战争胜利前夕，时任县长曹子英携政府官员及当地士绅前往福国寺敬佛。寺内有牡丹亭，其时，恰盛开七朵粉红色大牡丹，众人皆以为吉兆，寺中住持宏慧大师于是命人搭彩棚摆设糖果、茶点，众人围坐牡丹亭，共赏牡丹风姿，吟诗作对，因成诗会。

我是听人说的，大约十多年前，福国寺里有一位神尼，为人解疑释惑，言出必验，声名隆盛，远道前来求问者络绎不绝。后来，神尼去世之后，福国寺的香火一时便有些落了。只不过，在当地，人们仍在内心里对这福国寺保有着一贯的虔诚与谨敬。别的不说，只说那些买了新车的人，许多都要先到这寺里祈一个保平安的红丝结，祈愿车顺人安。

城外不远处有一座竹林寺，平日去的人不多，但史料考证说，这寺内院子里是当年唐九征西征归来，铸铁柱以纪功

大觉寺遗址

的地方，即“唐标铁柱”的所在地。只这一点亦不得了。

秀岭山上的大觉寺在地方史料和民间传说里常提起。相传当年，林则徐奉命赴永昌府解决回汉纠纷，归来时途经秀岭大觉寺。其时，松风万壑，细雨霏霏。寺中姚长老出寺迎接，寒暄毕，林挥手指松涛，吟道：“风吹松林摇（姚）和尚。”姚举目望雨天回敬道：“天降细雨淋（林）大人。”和尚与大人趣对风天雨地，一时传作佳话。

听说，这大觉寺是在抗战期间因修筑滇缅公路的需要被拆除的，寺与那时许许多多的筑路工人一起，为国捐躯了。而今，寺已不在，只佳传在耳。

时光远道

小城的两条坐标式主干道，纵向的叫苍山中路，纵贯南北；横向的叫漾江中路，横穿东西。

这路的名字取得贴切。你看，小城的北面是苍山，巍巍屹立，俯看着山下的这座小城，而亘古的漾濞江从小城的西北而来，环过小城，向东南流去。苍山与漾江，是漾濞最突出的地理标识，是漾濞最大的自然、最深的人文。苍山脚下，漾江两岸，是漾濞10万各族同胞生息繁衍之所倚，是这片土地春种秋收的安宁日月之所养。

苍山逶迤，漾水汤汤。在苍山与漾水之间的这片土地上，自古便道路通衢，迎达往来。

史料里有记载，起始于两千多年前的南方古丝绸之路，就从这里经过。漾濞，以其独特的地理位置，成为古道西经永昌而出国境、东往大理而通中原的重要关隘要塞。两千多年的时光里，随着中国社会的不断进步，境内外商贸往来的不断发展，古道繁衍出多条线路和分支。其中，从四川成都出发，经云南而至西藏的古道，因其所负载的汉藏茶马贸易，被长久地称为茶马古道。而古道的大理至永昌段因途经著名的博南山，又称博南古道。古道的众多线路在漾濞境内交汇，使得漾濞这个古驿重镇在长长的岁月里，深受多种文化的滋养与濡染。

诸葛亮曾在这里留下故事。当年，诸葛武侯兴师南征，沿古道过漾濞。那时候，漾濞这片土地上的彝族祖先们还不会用牛耕地。在漾濞县太平乡，有一个叫打牛坪的地方，相传是当年武侯在此“教人服牛，以代刀耕”的地方。元代时，朝廷在此设置打牛坪巡检司，为地方军政机构。元代以降，此地亦多设有地方军政部门。

又有汉营夜月，说的是现今的太平乡政府所在地，当年

是古道上的一个驿站。武侯领军在此安营，“当暮色苍茫，云海浪山深处，一轮山月徐徐东升。举目望月，怀古思幽之情油然而生：四面丛莽幢幢，似见汉军营盘，人影绰绰；万壑林涛呼啸，如闻战马嘶鸣，刀戈撞击……”在过去的很长一段时间里，太平不叫太平，叫汉营乡。

壬辰年四月，正是春末夏初。县文联组织到太平采风，从乡政府出去数公里，公路下面有一片和缓的坡地，听说那地方就是打牛坪。春光晴好，从路边看下去，不闻打牛之声，只见安静的村庄和绿荫浓浓的核桃树，以及坡下静静流淌的小河。

史书里也记载，唐中宗景龙元年（707 年），唐九征受命西征吐蕃，得胜归来，在漾濞江畔铸铁柱以纪功。这段往事，被后

县城区两条主要交通干道

来清乾隆年间孙髯翁写进昆明大观楼长联。清道光二十八年（1848 年），云贵总督林则徐前往永昌府平定回汉之争，返回时途经漾濞秀岭山上的大觉寺，与寺中住持姚和尚趣对风雨，留下佳话。

时光行进至 20 世纪 30 年代末，抗日的烽火，引出一条史无前例的抗战之路：滇缅公路。滇缅公路在漾濞境内的路段基本与古道吻合，共 72 公里。当年，在人口不足三万的漾濞，午后有两万多人次参与了修筑此路，数不尽的劳工在筑路中牺牲。蜿蜒上千公里的滇缅公路修成，中国 10 万远征军将士沿着此道，慷慨悲壮，奔赴滇西抗战前线。城下的漾濞江上，是当年远征军模拟训练横渡怒江的地方。而今，时间过去了七十余年，当年的滇缅公路在漾濞的其中一段，因人们对这段历史的缅怀，还努力保留着当年的样子。

诸葛武侯走过，唐九征走过，忽必烈走过，李元阳走过，徐霞客走过，林则徐走过，李根源走过，千年的马帮走过，10 万远征军将士走过……漾濞的历史，归根结底，是一部由路而来的历史。而今，人们把这些历史，写进小城一条条街道的名字，用这样的一种方式，安静地讲述漾濞数千年时光里的往事悠悠。

在小城的脚下，从云龙桥往上，有一条巷道叫茶马路，茶马路上有一方老屋，还安静地保留着当年马店的格局。云龙桥过来的老街、当年县城的中心，现在叫博南路。新开发建设的县城东片区，那条宽阔的大街叫铁柱街。

漾濞的路多了。从茶马古道到滇缅公路，到后来的 320 国道、大保高速、平甸公路先后穿境而过，到而今县城里纵横交错的街道，与外界四通八达的交通。漾濞人从县城出发，开车半个小时可到州府，三个小时可达省城，若是从大理机场乘飞机，四个小时可抵首都。

路通着，心便通着。

心通着，便无往而不达。

在苍山的高处

雪若是落到光明来，应该是安静的吧，远离那种叫作“肆虐”的气息。雪洁白安静地落在青色的屋瓦上，落在核桃林下的小路上，落在竖堆在地边的苞谷杆上，落在院子里那辆小孩单车的坐垫上。又轻又细。人们都在屋里。满村子只有雪。

从漾濞县城上光明核桃园，有两条路可以走。

一条是从城外约三公里的马厂村与大漾公路主干道分开，向上穿过马厂坝子后，过马厂小河，之后一路“S”弯上山。这是一条近年新修的路，路宽可两车相错，只不过因为山形的限制，弯子特别多特别密，过了马厂河，一路从山脚上到山顶，比歌里唱的山路十八弯还多五道弯。

另一条是老路，从县城出去约八公里，在石门关下面的金牛村口与大漾公路主干道分开，先是缓缓向上，可两车相错的弹石路到石门关口。之后，公路向左蜿蜒斜上，路面铺成柏油，路宽只容一车通行，窄窄的，弯弯的，穿过村庄和稻田，一路上光明。

从马厂上光明的路叫“马光”路，全程铺的柏油，从过了马厂小河一直到光明，一路上全都是核桃树，村庄都隐在

核桃树下。从金牛上光明的路叫“金光”路，过了石门关口，窄窄的路上，上下的车辆为了相错而不得不倒退数百米的情形常常发生。这条路，从石门关口到大半山，一路蜿蜒在层层向上的稻田间，春、夏、秋三季，路旁的稻田里都呈现着好看的风景。走完了稻田，又走小半山核桃林下的路，车子才安静地到达光明。

光明的高，除了那一路 S 弯向上的公路，在气温上也有很直接的反应。夏天在城里，热得摇扇，一上光明，立刻便感觉凉下来了。从初秋到仲秋，城里除了清晨有稍稍的凉意，白天的气温则和夏天差不多，而若是上光明，便一定要记得多带一件外衣，且不说上面的气温比城里低了几度，若是再碰上一场不期而遇的雨，山风里立时便布满了寒凉。今年夏秋里雨水丰沛，7 月下旬上一次光明，8 月中又上一次，两次都在“果兴园”农家，两次都遇上下雨。雨水带来的寒意里，主人送来火炭盆，后来

马光公路

的这次，我还因为烤火出现了二氧化碳中毒的症状，从那天下午到后来，头一直晕沉了两三日。

在光明，看身后的苍山总是感觉很近，仿佛，也就是傍晚散个步的路程。饭后，背着手慢慢踱上山，走到山顶，看一遍大山大河，转回来，红红的落日还能有一半在西边山头。云离得那么近，看着就泊在村后的山坡上。而若是从山的更高处看下来，那云，其实也就泊在核桃林的上面，泊在村庄里那几柱炊烟的额头。

我是慢慢才发现，人在安静的高处时，常常会有一种安静的、几乎无意识的等待。

等待什么呢？

比如，等待一场春风。

春天的核桃林，先时是极其隐约的绿，几乎不能察觉，要极细极细的眼神，才能见出这绿的所在来。之后，那极隐约的绿，会慢慢地、一点一点变成浅浅的、淡淡的绿，像是羞涩地要探出半个脸来，又像是要缩回去。

就，等着一场暖暖的春风，在一个下午，或者在一个安静的早晨。风来过了，村庄的人们便发现，那些羞涩的浅浅淡淡的绿，忽地便飞长开来，迅速地在安静的村庄以及四面的山坡上，撑开成一树一树透明的翠绿，可爱极了。

或者，等待一个繁星满天的夏夜。

我曾经多次地想过，在夏天的光明，听一场雨水。雨从傍晚开始下起来，先是轻轻的、细细的。之后，更多的雨随着夜色来临。核桃林中的雨声，如潮，如汐，似远，若近。夜里躺在床上，听雨声清晰地落在屋瓦上，人在枕上醒着，细细回想起那些如雨滴般清晰以及清凉的过往来。

大约是今年吧，我才开始有了那种念头：想要在光明的核桃林里，等一个繁星满天的夏夜。村庄那么安静，夜那么安静。村中路上偶有行走着的电筒光，远远看去，像是天上的星子不小心落到了地上来，然后，在村庄里好奇地游走着。其实，那样繁星满天的夜，常常有流星真的从天空落下来，飞落的时候，在天空中划出长长的好看的弧线，只不过，那些流星永远都在视线里划向了远处不可知的地方。

又或者，就等一场秋夜的月光。

我想起几年前在那个秋天的那次采风。那时候还没有“马光”公路。我们乘坐的中巴车从石门关外的公路一路上去，大约是过了光明村，去往金鞍寺的那一段，车窗外，路的上面，忽然现出一片荞麦花来，在缓缓的山坡上，淡淡地开了一大片。那个时间应该是上午十点左右吧，山上的雾还没有完全散去，浅浅地萦绕着。山坡，荞花，雾。远处，有轻浅的鸟鸣。

作家鲍尔吉·原野有一篇文章叫《荞麦花，月光光》，我特别喜欢。深夜，无边的月色下，大片如雪的荞麦花，惊醒了半梦半醒起夜的人。记得先前，我小的时候，我老家的村庄里也是有人种荞的，大多种在高山的火山地里，秋天，满山上一片一片的荞麦花。后来这些年，慢慢没有人种了。在我的感觉里，似乎荞麦花，总是与月光有着某种暗通的气息。我是这样想的：等一场秋夜的月光，等一坡蓄满花蕾的荞麦，我守在一面山坡上，静静地，看荞花怎样在月夜里，开成一坡摇曳的清雪。

冬天在光明，唯一的等待，是一场从苍山下来的雪。

春天里存风，夏天里存雨，再加上秋末的几场深凉，苍山上的那一场雪，便做好了出发的准备，就等着一场深夜的风前来，她便披着雪白的披风出门，于清晨，到达村庄。

雪若是落到光明来，应该是安静的吧，远离那种叫作“肆虐”的气息。雪洁白安静地落在青色的屋瓦上，落在核桃林下的小路上，落在竖堆在地边的苞谷杆上，落在院子里那辆小孩单车的坐垫上。又轻又细。人们都在屋里。满村子只有雪。

从光明过去，斜着向东三四公里，到金鞍寺，又叫清凉山寺。寺里的山泉特别清，秋天有波斯菊静静地开。今年6月去时，寺里有黄李子，有同伴摘来，个子挺大，看着晶晶亮亮的，咬一口，又酸又甜。从金鞍寺往上，再爬七八百米的石板路，到玉皇阁。出玉皇阁后门，沿着窄窄的石梯依崖向上，至高处，有千寻塔，塔下有仙人洞。一二十个人，上到这高处来，不知谁先起的头，竟纷纷在塔二层的走廊里转起塔来。有人诵起仓央嘉措的诗：

那一天，闭目在经殿香雾中，蓦然听见你诵经中的真言。

那一月，我摇动所有的转经筒，不为超度，只为触摸你的指尖。

那一年，磕长头匍匐在山路，不为觐见，只为

贴着你的温暖。

那一世，转山转水转佛塔啊，不为修来生，只为途中与你相见。

转的时候，有人说该转三圈，有人说要转九圈。

在千寻塔下，看不见光明的核桃园，看不见下山的路，看不见山下的城，看不见城下的江。

山风清浅，等一片云，慢慢靠近。

玉皇阁千寻塔

墨上乡愁

在这集子里面，还有几个题是尤其喜欢的。一喜《长向深秋结此花》，二喜《红了樱桃绿了芭蕉》，三喜《嫣然一笑欲倾城》，四喜《昨夜秋声作雨声》。杜鹃艳而知春风，菊花明而感秋意。花开里听闻山水，尺案间细数流年。盈盈在那墨上的，原本，是一掬清明的乡愁。

文友迤君赠我一册他新出版的国画花鸟作品集。寇元勋先生在给这画册的序里是这样说的：墨笔淡雅，色墨相融。

寇先生是花鸟大家。几年前，在云南大学艺术与设计学院工作的寇先生于一个阳春三月回故乡大理做了一个作品展，得了消息赶去，幸得瞻仰了一回。我对画是不懂的，那日看寇先生的画展，艺术上的好自是说不出个一二来，只是一遍遍地感慨：画真好看，画题真美。画展中有一幅作品，尺幅不大，而下面的画题我却几年来一直还记得，那画题叫作“春棠枝下无人语”。美的东西，总能使人过目难忘，且长久地、无声地受着其间的滋养。寇先生那次展出的作品，同时也做了一个集子，我后来有幸得了一册，得到画册的时候，从头翻开，在那目录里面，又感受了一回那些画题的清逸与端美。

迤君的画集拿到手里，自然先要细细地读过目录。《君子之风》

陈迺君作品

为开篇。下来，《秋光》《秋收时节》《南国秋熟》……秋。春。午晴。晚归。丽日。暮雨。品茗。读书。所有的画作，画材多为兰、菊、荷、竹，又兼蕉叶牵牛、樱桃杜鹃，淡淡笔意间，流淌起季节往复的清明意绪。

在这本画集里面，有两幅关于读书的题。

一幅《读有用书》。一摞书，一瓶菊，一筒笔，一只茶壶，两只茶杯，以及淡淡的一片蕉叶，几瓣落菊。线装的书是参差着的。笔筒里的笔也错落着，高高低低，里面有几支已然秃了。瓶里的菊花一半明黄，一半淡墨，那淡墨的一半应该是在暗光里的缘故。茶壶是赭色的，看上去应该是陶。两只茶杯上面画有兰竹的图案。几瓣明艳的落菊零星散落在一旁。整幅画面给人的感觉，秋光明丽，时日静宁。在一般的花鸟画作品里，像这样以书入题的作品似不多见，而在这幅画里，尤其让我有些惊讶的是里面青花瓷的花瓶和笔筒上的山水：远山隐约，近树清明，更似有雾霭淡淡，缓缓其间，两幅山水色调淡远、意境清透。

❶ 陈迤君

❷ 陈迤君作品：《苍山西坡春来早》

陈迤君作品:《云岭春暖》

一幅《秋夜读书》。同样的，有书、瓶花、落英，花为紫红色，一旁地上落了几瓣，花蕊为明黄色；一只红泥小火炉上坐着一把墨色的茶壶。画面上，瓶花的一侧有一茎竹，插在一只赭色细高的瓶里。那绽开红花的墨色弯曲的枝子，说不出它的名字来。

大约是因为春秋色明，易入画。花鸟画作品里，大抵总是以春秋入题者多，春风明艳，而秋意恬然。在这画集里有一幅《清秋》，画面上共三瓶花，却并不显出杂乱来。三只花瓶均为青瓷。靠右的一只状若墨水瓶，青色的瓶身上画了梅花，里面插的是淡淡红黄的花，有几枝成淡墨色，若在暗影里。居中的一只高肚敞口，瓶身上画有墨荷，一枝荷花，正开到盛处。这瓶里插的是明艳的黄菊。靠左的一只圆筒高

陈迤君作品：《山野归来》

挑，瓶身上画了树，两方瓦屋隐约其间。这瓶里插的是兰。面前是一把茶壶、两只茶杯，以及黄色明丽的果子，这果子晶亮亮的，看上去有着阳光的透明质感。

再是《菊花黄时蟹正肥》。再是《佳节又重阳》。再是《菊酒》。再是《篱边秋色》。再是《艳色天下重》。再是《秋香》。再是《秋晨》《秋日小景》《秋日得清闲》《秋菊有佳色》……在这些以秋为题的画作里，几乎总有菊花在场，又兼有清远茶意。菊花自在，茶香静宁。当中，在《秋日小景》里面，也有一只高的青花瓶，在

陈迤君作品：《品茶》

那瓶身上，画了几簇远山，又画了近树、茅屋。清朗的画面上，烛映花开，秋意澄明。花放无语，秋水有声。

菊花本是寻常的物事，在漾濞的乡间亦然。花开时节，村头巷陌，篱边道旁，时见秋光丛丛。又兼此时，稻田渐染秋色，雨水渐收，乡野之间一片秋光明媚，天朗气清。

从漾濞县城往里的淮安以及往外的马场，有农人种有零星的荷。淮安的路旁惯常有两三塘浅池，夏日里路过时，常见里面零星地开着粉色的荷花。大约是因为池浅，荷叶长得不是很阔，荷叶之外的池面上，常常被绿绿的浮萍铺满。之后，由夏入秋，秋而渐冬，若诗里所说的“莲蓬已成荷叶老”，这时候，便有农人携锄前来，除去荷池的残叶枯茎，将池底的莲藕挖回家去，又或到县城的集上去售卖。自此，那些池塘里，便又回复成一片静寂。

去年初冬里，因游洱源西湖，意外地，在湖岸遇见一池残荷。时间还是上午，湖岸上阳光晴澈，长方形的荷池里，

枯残的荷茎多数折了头，斜伏在池面上。在荷池的一旁是两个安静的木亭，似乎专要为残荷听雨而来。是夜，湖岸风大，猎猎有声，而湖上月色清明，莹润朗照。

在迤君这画集里，也有多幅荷作。《城边野池荷欲红》《荷池十里风轻轻》《晓风轻拂》《荷风》《清香满面来》，画题中多带有风。我想起多年前有一回，从省城来了一位年轻的女画家，说是师拜名家的，迤君那时介绍过她的画派，我后来不记得了。时间是晚上，迤君把大家召集在县城西街的“博南风”茶苑，还从家里带来了一应画具。在那位女画家当场作了几幅画之后，有人提议迤君和女画家共作一幅。迤君谦让，让女画家先落笔。只见那女画家提笔，蘸墨，在画纸上刷刷就画下几个墨圈，我只看得云里雾里，不知所以。待女画家歇下笔，迤君将笔提起，将画纸上那些大大小小的墨圈有的变成了荷叶，有的变成了石头，之后，在下面又画了几尾游鱼、几茎水草，一幅情趣盎然的《小池》便跃然纸上了——这题是我以那幅画的画面瞎起的，当时两位画家给这画起的什么题我这时却忘了。

❶ 陈迤君作品：《秋日小景》

❷ 陈迤君作品：《秋花秋实》

菊，荷，兰，竹，都是这大地上的清雅物事。在这画集里，迤君最新创作的几幅作品《秋光》《秋收时节》《晚归》《秋晨》《三月》《山野归来》，笔墨间，山野的气息愈加浓郁，乡土旧物，清愁盈怀。《晚归》里是提篮、锄头、水罐和一把插在竹篮里的花。《山野归来》里面是许多半开的鸡纵，一朵一朵，清莹朴拙，似可闻见山野的清香。

在这集子里面，还有几个题是尤其喜欢的。

一喜《长向深秋结此花》。

二喜《红了樱桃绿了芭蕉》。

三喜《嫣然一笑欲倾城》。

四喜《昨夜秋声作雨声》。

杜鹃艳而知春风，菊花明而感秋意。花开里听闻山水，尺案间细数流年。盈盈在那墨上的，原本，是一掬清明的乡愁。

第三章

彝山彝水

一方水土，一方风物。漾濞，这片以彝族为主体，汉族、白族、回族、傈僳族、苗族等多民族共同聚居的滇西山地，长久以来形成了以彝族文化为主体，多民族文化共同和谐繁荣的多元文化格局。节日，服饰，歌舞，饮食，独特的地域文化和民族文化，细细勾画出漾濞这片大地独有的文化视觉和味觉版图。

节日·漾濞味道

大约是离端午还有小半月的样子，小城漾濞的农贸市场里或者是步行街上，便出现了第一锅粽子，走过时，隔着二三十步远，便能闻到粽子那特有的清香气息。走近了，看那粽子在锅里蒸着或是煮着，原本青绿的粽叶经了蒸煮，变成了暗绿，上面升起的轻白的雾气里弥漫开糯米、土碱和粽叶的清香。

过　年

旧时在乡下老家的年，想起来总是有着最最香暖的年味。

在我老家的村庄，没有“腊八”之说，离年最近的仪式是腊月二十四扫房，将家里上上下下、里里外外积攒了一年的尘埃一一打扫干净。扫房需要专门砍回几枝香叶树枝（这是我按彝语大体意译过来的，不知道植物学里叫的是什么名字），在打扫灰尘的同时，也寓意着扫去旧秽、迎来吉祥。正是因为要砍香叶树枝，这扫房便多了庄重、暖和的仪式感。

扫房之后，接下来便是拆洗铺盖。旧时没有被套，洗铺盖得一床一床将被里被面拆下来，洗完了，晒干了，再一床一床缝上。待把一家人的铺盖拆洗完，再把脏衣服都洗洗，两三天时间又过去了。

汤圆面已经晒好了，雪白雪白的，装在袋子里或是瓮里。米酒已经捂好了，捂的是上好的米。腌菜也已经腌好了，腌的是最好的菜。二十八或二十九再做一锅豆腐。年，就暖暖地来了。

除夕这天一早，在晴暖的阳光里砍来天地松（记忆里的年三十总是晴暖的），栽到院心里，在上面挂上从集上买回来的彩色米花球。树下摆一张小桌或宽凳，作为祭献时摆盘之用。

早饭后，早早地杀好大公鸡祭献房后的山神。猪脚也要早早烧好、洗好、炖上。各种菜肴一一备好、早早下锅。

年饭要比早，当中含着诸多吉祥的寓意，总之是早的好。

❶ 新春福来到

❷ 祭天地

尤其是那时，我的奶奶性子急。

终于，日影西斜。公鸡肉和猪脚都已炖熟。煎炒炸煮的各种菜肴一一摆上桌来。奶奶盛上三碗饭，搛上各种肉食，用家里那个古旧的小盘端着，一祭天地，二祭山神，三祭井神，四祭灶君，五祭祖先。一一地全都祭完了，年饭才暖融融、香滋滋地开场。

年初一清晨"抢新水"、吃汤圆。除夕夜事先邀请好一位男童一大早来"踩门"，并送予炮仗，男童来"踩门"时，放三五声炮仗，以表仪式开始。俗称，男童来"踩门"，可带来一年的吉祥与好运，踩门越早，好运越多。听炮仗响起，早早起来的主人将男童迎进屋，请他吃汤圆，再次赠炮仗，并给适当压岁钱。这一天家里不准洒水，不准动刀。孩子们穿上盼望已久的新衣，不用放牛，不用打草。

年初二吃饵块。用香肠、豆腐、腌菜加骨头汤煮成“臊子汤”。饵块切成指条形，用一把漏勺，吃一碗烫一碗。吃过饵块，出嫁的女儿回娘家。

从初三到十五，人们就到临近各个村庄的庙会，赶庙会，拜亲戚。要去亲戚家了，孩子们身上年初二以后让脱下来的新衣服又可以穿起来。亲戚们一年一年地这么走着，亲的它总丢不了。

种种关于年的习俗，一年一年地传承和沿袭着，到而今稍有不同的是条件比过去好了，一些过年的吃食如汤圆面、饵块等等都直接从集上买，年货比过去丰富得多。年前的两三个集日，家里人都要赶集，陆续地置办年货，直至节前的最后一次“绕街”——所谓“绕街”，就是不逢集日而在节前特意设的最后一次集日。这一集主要是买鱼、买豆腐、买新鲜的菜蔬。

旧话说：好汉不赶尽头街。尽头街上买年货，那是窘迫，是不得已。而今不一样了，一二十公里的山路，骑上摩托车，三四十分钟就到。尽头街上买豆腐，新新鲜鲜好过年。

清　明

“清明时节雨纷纷，路上行人欲断魂。借问酒家何处有，牧童遥指杏花村。”在古诗里，清明，是一个诗意的季节。

在我的老家没有杏花。老家的清明是柳枝的颜色，以及漫山遍野铺展的嫩绿。

说不清是哪辈上传下的规矩，清明上坟，要在坟头压柳枝。于是，每年家里上坟这天，孩子们就会有一项重要的任

务，那就是折柳枝。柳枝又柔又嫩，折上一抱，除了留着压坟头的，余下的编成柳条帽子，戴在头上，一路撒着欢，手里抱着公鸡或是拎着水桶，往坟山上去，水瓢在水桶里撞得叮当直响。

清明的滋味是腊猪耳朵、焖豆米、油煎粑粑以及油炒木耳的滋味。同样的，说不清是哪辈上传下来的规矩，清明上坟这天，一定要煮腊猪头，用猪耳朵肉祭献祖先。猪头是先烧过的，烧后刮洗，洗净炖上。青蚕豆到了这会儿是收割的尾声了，半黄半绿的豆米放点水焖出来，起锅前放进一点豆腐丁再焖一会儿，之后拌匀出锅。木耳在炸过干馕的油里炒，放一点点盐。豆腐带得多，还要煎一些黄煎豆腐片。公鸡在山神前祭杀，炒的时候用腊三线肉炒。山风一拨接着一拨，吹旺灶下的火，在渐渐西斜的太阳下将鸡肉炖出满山坡的香。

而清明的青梅，我是听一位离乡的友人说起的，说少年时在小城漾濞，清明时节到隔江对崖的飞凤山上踏青游春，摘得青梅。傍晚归来，一身青绿，一身快乐。

柳枝绿，梅子青，年年踏青为故人。

记得之前有一年清明节，天气短信里有这样一段话：清明时节草木萌动，万物生长，皆清明而洁净，故谓之清明。

端　午

每一个节日常常有着自己独特的气息以及样子，并且，这些节日的气息以及样子，首先总是从街市上弥漫或者说铺张开来。端午的气息便是粽子的气息，以及艾叶和菖蒲的气息。

大约是离端午还有小半月的样子，小城漾濞的农贸市场里或者是步行街上，便出现了第一锅粽子，走过时，隔着二三十步远，便能闻到粽子那特有的清香气息。走近了，看那粽子在锅里蒸着或是煮着，原本青绿的粽叶经了蒸煮，变成了暗绿，上面升起的轻白的雾气里弥漫开糯米、土碱、粽叶的清香。这第一锅粽子是要尝尝的，买上三个或是五个，带回家与家人分享，一起分享这节日的第一缕甘美气息。

自然，紧跟着粽叶也就上来了，大多是周边村里来卖的。那粽叶像是焯过后晾干的，青绿中泛着微微的白。有的整齐地堆着，也有的扎成一沓沓的，摆在街边的塑料布上卖，几块钱一沓，许多人买。到了端午，许多人家都要自己用土碱泡糯米，将粽叶用温水重新泡醒，亲自包粽子、蒸粽子，这小城的节日氛围，由此也可见一斑。也有端午前一两日买了新鲜粽叶包粽子的，但新鲜的粽叶缺些牢靠，包粽子时容易弄破。

老漾濞人尤其喜欢自己包粽子，也特别会包粽子，会把粽子包成不同的口味，什么红枣的、火腿的等等一拉子。常常觉得，这节日的气息，便是从这一家一家里起来的。说开了，也不光是端午，每一个节日的暖和与美好，都是从这一家一家里，从一巷一巷里，从每一条街市上起来的。懂过节、会过节的地方，常常也是有文化、有历史的地方。就漾濞这老城，虽说小得比一巴掌大不了多少，但它的历史，只随意地那么往上一数，就能数出千多年。老时光滋养出来的这种

暖，平日里不细注意，到了节日就尤其彰显了出来。这种气息，想来便是许多漾濞人愿意一生终老其间的缘故。

大体上，人们既是在家里包了粽子，往往要多包一些分送亲友，以表达节日的祝福。也有包得多的，便蒸了到街市上来卖一些，于是，越近端午，街市上的粽子便越多起来。到了端午这日，小城的农贸市场及步行街上，几乎每隔十来步便有一家卖粽子的。

除了粽子，端午这天一早的集市上，还有许多人卖菖蒲和艾叶，菖蒲和艾叶各一小把，缚在一块，一块钱一把。这菖蒲和艾叶，大抵凡是人家都要买的，看那些篮子旁边的塑料布上，碧绿地堆了许多，只一会儿便卖完了。卖菖蒲和艾叶的女子，等卖完了回家吃中饭，时间还绰绰有余。

在漾濞南部我的老家，端午没有包粽子的习俗，只有蒸包子的习俗，而在门上挂菖蒲和艾叶的习俗却是与这小城里相同的，总归是祛秽除灾的意思。

相同的习俗还有系五色丝。选五种颜色的丝线，给每个家人系在手上，祈愿健康吉祥。若是很小的孩子，还要将五色丝系在脖子上，两端在前头编成小辫。女孩子还要缝香包，里头放上香料和五谷，香包缝成正棱形，有缝一个大的，也有缝上小的三五个串成一串的，系于衣襟之上。

❶ 五彩丝

❷ 香　包

漾濞小城里似乎不见有系香包的，而只在手上系五色丝。街市上卖五色丝的，有许多已经将五色丝编织成扣，只管买来戴上就好。这五色丝，要一直戴到农历六月二十五火把节这天方能剪下来烧掉。

火把节

每年的农历六月二十五日是漾濞彝族的传统节日火把节，公历这时候多是7月末8月初。漾濞民谚说：火把节的雨，七月半的鬼。形容这个时节雨水之多。2013农历癸巳年是漾濞大地雨水尤其多的一年。我因为练习写字，每日用笔在本子上记录手机上传来的天气预报，在写这段文字之前，我查看了本子上今年7—8月的天气情况，整整两个月，仅仅只有7月2日、3日两天没有下雨。

火把节雨水多。这个时候，正是农作物生长的旺盛时期，同时，各种虫豸也随之而来。在老家乡下，有火把节在门头

火把树

插花椒枝的习俗，除了家里的各道门，就连畜圈的门上也要插上。小时候不明白这插花椒枝是为何，如今想来，大约也就是避虫祛秽的意思，最初从祖先那里传下来，一辈一辈，形成了不移的习俗。

除了插花椒枝，这一天还要在田边地围撒灶灰，地块多的，更要早些做好准备，在囤箩或篮子里积攒灶灰。苞谷出了天花，豆荚一天天变得饱满，稻谷细碎的白花开出幸福的香气，灶灰有消毒隔虫的作用，乡里人在地边上一一地撒上灶灰，提前圈住一年的收成。

老家的火把节还有一个重要的传统：出嫁的女儿在这一天要回娘家。只这一点便能看出，对于彝家来说，火把节的隆重意义仅次于过年。我嫂子是个认真的人，每一年的火把节，总是不变地打来电话，让我过节一定要回家。

火把节的晚饭后，一家人要将端午戴上手以及给孩子挂在脖颈上的五色丝剪下来，投入火中烧掉，烧去病痛和不安，

撒祝福

狂欢火把节

留下吉祥和幸福。

小城漾濞的人们过火把节要燃火把和撒火把。所谓“撒火把”，就是举一把点燃的火把，提一代松明子面（又叫火把面），沿街遇着想要送予祝福的人，便对着人将火把举近，抓一把火把面撒向火把上面，“嘭”的一声，火焰高腾，以此祝福他（她）祛秽除灾、平安吉祥。当然，撒火把要掌握好距离和火把面的量，距离过近，火把面过多，火焰腾起时会烧到衣服或伤到人。

在家里客厅墙上的挂历上，火把节前一周是大暑。中医认为，“脾主长夏”“暑必加湿”，脾虚者夏季养生，宜坚持益气滋阴、健脾养胃、清暑化湿的清补原则，饮食上可多吃一些解暑食物和养生粥。

火把节后两日立秋。“立秋是秋天的开端，天气逐渐由夏入秋。”

日历上说，立秋过后，昼夜温差逐渐变大，夜晚开始变得清凉。

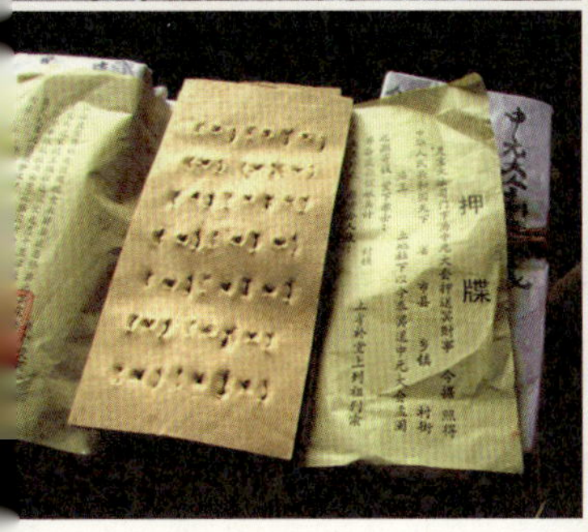

七月半

农历七月半，漾濞民间又称鬼节，是专为亡人烧纸的节日。

我年少时在老家，见我奶奶于七月十四日早饭前，在家门外点三炷香，摆一碗清水，口中念念有词，大体是呼唤她的公公婆婆、父亲母亲，以及我爷爷回来。我爷爷去世得早，只活了49岁，奶奶在他走后，整整又活了40年。

十四日的晚饭要赶早，烧纸自然也要早。老人们说，这一天，亡人们早早吃了晚饭，带上冥钱，要上阴阳街去赶集，晚饭若是晚了，就会赶不上同伴。奶奶对这些是极严谨遵守的，这一天她总要早早准备晚饭，并且在献上晚饭后赶紧烧纸钱，一边烧，一边祷告。那些纸钱，大约二十厘米见方，一沓一沓的，纸钱有稻草黄的和银灰白的，称为黄纸和白纸，

烧　包

买来后要用凿子凿出一列一列的半圆形镂空，使之显出“钱”的样子，那黄纸和白纸便是“黄金”和“白银”了。

而今街市上卖的纸钱，虽也还有黄纸和白纸，但更多的是现成的冥币，上面印着玉皇大帝的头像，落款是“天地银行”，全部是面值一百的“红票子”。除了“红票子”，其他用来烧给亡人的冥物也是五花八门，有用彩纸剪制的衣服、鞋子、骡马，甚至手机、别墅、轿车，真真是与时俱进、琳琅满目。那些黄纸和白纸，人们买来后细致地折成金银锭子的样子，称为“包”，也有卖家早就折好的，黄白搭配，一袋一袋地卖。为此，漾濞城里及周边地方又把七月半节称为“烧包节”。

记得我奶奶那时，在七月十五的早上要专门祭献她的父亲母亲，彝语称为“毕乃起”，是出嫁女儿对亡故的父母尽孝的重要仪式。我来到这漾濞小城多年，看城里及周边地方，若是有父母亲人亡故的，出嫁的女儿在十四这天也会特别地回家去为亲人“烧包”。

所谓鬼节，其实是对逝去的亲人表达温暖怀念以及送去祝福的节日。

中　秋

老家山村的中秋，是一个素淡的节日。山村一年中的节日，自春节起始，之后，有清明、端午、火把节、七月半节，一路数过来，每一个节日多多少少都有一些仪式，甚至有着相对固定的气味。清明扫墓，端午蒸包子，火把节接女儿，七月半节迎亡魂。与之相比，中秋却没有什么特别的仪式或者是固定的气味，素淡得几乎不落痕迹。

我第一次以中秋的名义吃月饼，是在我上初一那年。那年中秋，我们才刚入学不久，因为是民族班，班上的同学全都来自全县的山区。而我们的班主任老师也刚从乡上中学调到县一中来。班上用班费买了月饼，那天晚上，我们在教室里集体过中秋，每个同学两个月饼，另外，桌子上还有水果、瓜子等等。班主任老师发动同学们表演节目，同学们一个个拘谨而生涩，只有班长活泼一些，表演的节目逗得大家哈哈大笑。那年的两个月饼，让我初次感知了中秋的形状和气味。之后两年，记得也都是在班上过的中秋。我后来想起那些中秋，感慨计算时间的方法，有时候竟可以是那样简单，一个中秋两块月饼，三个中秋，六块月饼，我们的初中岁月便匆匆结束了。

也就是从上中学开始，在外上学的几年里，每年中秋都在学校里度过。之后，变成了在单位里。我毕业后先在老家乡上的一所小学教课，后来到乡机关。虽说是在单位里，却没有外面那种中秋的浓厚氛围。临近中秋时，街上的几家商店进了一点月饼。中秋前，乡上给每个职工发 50 块钱过节费。这便是那时中秋全部的氛围了。

倒是我初到乡里的那一年，收烟季节在烟站收烟。中秋那天，来交烟的农户特别多。包括站长在内，我们六个人从

早忙到晚。中午，村里有人卖羊肉，站长让人买来一只羊腿，忙中抽空把羊肉炒后炖上。那天我们一直忙到天黑才吃晚饭，那一锅浓浓的羊肉汤，熬出了那个中秋的厚味，我们六个人围坐在灯下的小方桌旁，像一家人。那年之后，乡烟站实行企业化管理，乡上不再直接组织收烟。我们曾经一起收烟、一起围坐吃饭的六个人大多各分东西，有位老同志退了休，有位领导调去别的乡镇，那个聘请来的验级员工作结束后就回到了农村家里，还有一位年轻的男同事，在第二年因为癌症离开了人世。许多年过去了，每次回想起我们六个人一起在烟站度过的那个中秋，它还沉浸在那一锅羊肉汤的香暖里，不曾散去。

而今在小城漾濞，每年隔着中秋还有一个多月，就见几家超市在最醒目的位置摆满了各种月饼和中秋礼品套装，且推出各种各样的宣传促销活动。然后是街上的各个糕点店，离中秋还有半个月就开始推出各种款式、不同包装的月饼，供人们选购。县城的几处街道上每天清早就挤满了买卖核桃以及板栗的人们，以至拥堵了交通。在这样浓稠的氛围里，中秋，是一场盛大的仪式以及奔赴。人们以各自不同的方式参与到

这场仪式中，奔赴在前往中秋的路上——从此地到彼地，或是从异乡到故乡。

作为一种节日符号，每年中秋，我还是要买一些月饼带给家人。而在我的老家山村，中秋却仍是那样淡淡的。并非因为没有条件买两块月饼，而是人们习惯了那种素淡的中秋。记得有一年中秋，晚饭后我打电话回家，想问候家人，问问他们晚饭吃的什么，结果，嫂子在电话里告诉我："我们一早就忙着上田里打谷子，这会儿才回到家呢。"在收获的忙碌中，我的家人们，于挥汗如雨中奔赴在另一场中秋里。

我也曾经认真地去奔赴一场中秋之约——在中秋的那端，是我一位久隔的亲人。那个中秋，我们一早从家里出发，驱车三个多小时，到达。后来，又用三个多小时，返回。月亮出来时，我们回到了家里。我在心里，将那个中秋细细审视，我分明是那样诚心诚意地奔赴，却又不由自主的，匆匆地去，匆匆地回。直到后来，我才慢慢想明白，并不是心怀虔诚，就一定能抵达一轮明月。

明月在上，中秋在心。一年一年的中秋，总有手机短信传来亲人和朋友的祝福，由此，将另一种中秋的仪式一再重演。而在那些或精美或朴素的短信之外，有看不见的想念和祝福走在前往中秋的路上，等着一轮最初最朴素的明月，来为它画一个温暖的圆。

漾濞彝族习俗文化拾彩

打歌中伴以大刀舞，形成鸡街彝族打歌的独特魅力和风格。舞刀者在打歌圈子的最里面，绕火堆而舞，整场打歌由之生辉，愈显热烈豪放之美。外面为竹笛、芦笙，最外面是数十人，甚至上百人的打歌圈，火光熊熊，歌舞奔放，场面壮观，可震星月。

绚烂多彩的鸡街彝族刺绣

漾濞彝族自治县鸡街乡是著名的彝族刺绣之乡，妇女多善于刺绣，用小小的丝线，绣出五彩斑斓的图案，描画出生活绚烂多姿的色彩。

传统的鸡街彝族刺绣，绣品主要以服饰为主，具体包括帽子、衣衫、围裙、腰带、长裤、鞋子。

帽子称为鸡冠帽。较早时期的鸡冠帽由两片大小相同、状如叶子的绣片缝合而成，因其外形头高尾低、状如鸡冠而得名。现在的绣帽则为原来的鸡冠帽演化发展而来，整个帽冠由一整片绣片圈成，主体图案在正前位置，一般以一朵花瓣繁复的大的花朵为核心，正上方帽檐上钉一排用毛线扎成、挑剪成绒球的彩色泡花，泡花以 8 —10 厘米长的软钢丝为“花柄”。整个帽冠的绣花图案间钉

有银泡，帽檐下脚密密地钉着一排漂亮的银坠，从额前一直钉到两边耳朵处。帽子正后面绣片两端相接的位置钉两根长及腰间的飘带，飘带一般用鲜明柔软的漂色布料做成，每根飘带末端各钉上三朵不同颜色的泡花。行走时，帽檐的银坠随脚步发出悦耳的轻响，身后的飘带随着身姿飘摆，是全身服饰中最惹眼的部分。

传统鸡街彝族服饰中的圆领衣衫，后襟长及膝，前襟长及腰间，绣饰主要在衣领及袖子部分。衣领的绣饰除了衣领本身的镶边，重要的还有一圈领绣，当地人又称之为“坎肩”。坎肩宽约四寸，为单独绣好后固定到衣领上，穿戴时宽及两肩。坎肩的外沿全部钉上银坠，穿戴时两端在胸前正中位置扣拢。若要在长衣之外穿领褂时，则把坎肩固定在领褂

的衣领上。袖子的绣饰位置在手肘上下，一般不用刺绣，而是用不同的花边、彩线镶出多道彩边，彩边往往与衣衫底色鲜明对应，显出一种鲜亮的效果。

围裙也是抢眼的亮点之一。围裙的形状若一个梯形，上窄下宽。围裙的装饰主要有五片绣片：下脚边、左右两边及两片三角形的斜角，两片斜角分别在下脚边和侧边组成的三角形位置上。脚边、侧边和两片斜角的绣图各有不同。在绣出的图案间，一样钉上银泡、银坠。也有只绣下脚边的围裙，则在两侧以及两个斜角的位置上，用颜色合适的滚布条圈缝出有规则的小方格，称为“万子扣”。围裙的长处一般及膝，与衣衫后襟相平。

腰带的绣饰一般只突出前面部分，绣图只到侧腰间，一般在正中位置上绣一朵大的主花，再向两边延伸一些图案。腰带的作用一是束紧宽大的衣衫，显出腰身；二是遮住围裙与衣衫的搭口，使衣衫与围裙间在衔接上漂亮过渡。穿戴时，在腰带的左侧腰部位置上挂一把飘带，飘带为宽四寸左右、长两尺左右的长幅双面缝合布片，两端各缝上一片正方形绣片，绣片往上又有滚布条、彩线等图案装饰，下脚坠一排彩色丝穗，对称挂在腰带上。

鸡街彝族绣品

姐　妹

由于衣衫的后襟与围裙均长及膝，长裤只露出膝盖以下部分，所以，长裤的绣饰只在膝下部分。长裤的绣饰和衣袖一样，一般少做刺绣而多做镶边。

女性绣鞋分为满花和前花两种。满花指鞋的前、后全部绣上图案。前花则只在前面绣花。男性绣鞋一般为后封、前带式凉鞋，后封部分绣以图案，前带顶端钉三朵彩色泡花。

亮丽的鸡街彝族刺绣服饰，图案多姿，绣制精美，帽子、衣衫、围裙上密密的银饰随着身体的一举一动，响成一种动听的节奏。一身美丽的衣衫，穿出一种浪漫多姿的风情。

除了服饰，鸡街彝族刺绣还有一件极重要的绣品，便是

背小孩子用的裹背。裹背分为上部、中腰和下部，上部是核心和主体，由两片肩膀、一片中绣和两片下脚组成，在双肩与中绣衔接的地方分别有两个圆眼；中腰则镶五片颜色各异的小三角形绣片；下脚两侧各有一片半月形的绣片。所有绣片都是事先分开绣好，最后缝钉到准备好的裹背底板上。绣制裹背是彝族刺绣中最考验功夫的部分，除了衡量绣功，更是对一个女子整体针线功夫的考验。相应的，一个姑娘的绣功如何，也是评价一个姑娘才干的重要砝码。彝族妇女学刺绣，如不能完整地绣出一块裹背，便不能称为学通。对于出嫁的女儿，第一个孩子出生时，一块绣功精致的裹背则是娘家人绝不可缺少的贺品。

此外，鸡街彝族刺绣的传统绣品还有枕套、鞋垫、针线包等。在今天，随着社会的发展进步，传统的鸡街彝族刺绣又开发出了纸巾盒、手机套、时尚挂包以及壁挂字画等各种吉祥装饰品。

鸡街彝族刺绣的图案大多以花鸟为主体，也有极少部分的人物图案。色彩多以各种红色为主题，其他颜色的搭配多是为了烘托和增强色彩效果。绣品绝大多数都要在四边镶上 2—3 道用不同颜色丝线搓成的细彩绳，彩绳之间又用裁得极细的金铂纸加以间隔和装饰。绣品不论是衣饰、裹背还是其他装饰物品，

❶ 绣

❷ 悄悄话

全都色彩鲜艳、绚丽多姿。

鸡街彝族刺绣源远流长，代代相传。彝族姑娘大多能拿针即学刺绣，在劳作之外，一生手不离针线。而今，随着时代的发展，传统鸡街彝族刺绣不断吸收新的文化元素，拓展自身的精神内涵，绣品、绣法、绣图更加多姿多彩，展现出新的风姿和魅力。鸡街彝族刺绣精品多次到大理“三月街”民族节、昆明国际旅游交易会等参展推介，受到广泛青睐和好评。在2014年5—7月举办的“针尖上的云南”刺绣大赛暨“云南十大刺绣名村镇”评选活动中，鸡街乡在全省众多参评的村镇中亮丽出镜，荣耀上榜。

彝族山歌

彝家人爱唱山歌，劳动时山歌唱辛劳，娱乐时山歌唱欢乐，天上地下，无物不可入曲；生活情感，无事不可入歌，喜怒哀乐，尽在一曲山歌之中。

唱起彝家酒歌

彝家歌洒迎宾客

漾濞彝族山歌总的分为汉调和彝调两类。汉调即一般意义上所称的山歌，用汉话吟唱，彝语称为“哈把”，一般每句八个字，每两句为一调，也可按想要表达的内容灵活加减字数，每两句之间用固定的关联调相接。山歌的传统形式为男女对唱，在彝族地区，年轻人往往借对山歌来表达情意，所以汉调山歌中有许多传唱久远的情歌调。

山歌的吟唱形式活泼不拘。劳作中唱山歌，减轻劳作的辛劳和疲乏；娱乐聚会时唱山歌，更增加欢乐、热闹的气氛。彝族乡间也有专门的赛歌会，由高水平的男女歌手相互对唱，这时候，山歌已不仅仅是表情达意，更是歌手之间智慧、才情的竞赛。赛歌中歌喉婉转、机智过人的歌手，除了让对手敬佩和折服外，更能赢得对方的爱慕，许多彝族青年因赛歌

相识相悦，终结连理。赛歌会可以随意选择时间、地点进行，明月为背景，清风传歌声，是过去的彝家山寨常见的浪漫风情。

彝调山歌也称打歌调，用彝语吟唱，彝族话称之为“巴契”，大多在打歌场合吟唱。漾濞彝族地区各地都有一年一度的打歌会，时间大多在春节至农历三月期间。打歌按照所配笛子、芦笙等乐器的不同及节奏的快慢，分为许多花式，打歌调也相应地分成许多种，不同的花式要唱不同的打歌调。与山歌相仿，打歌调通常亦为每两句一调，舞步快时，每三个字或五个字为一句；舞步慢时，每七个字为一句，每一种调子各有固定的节律，字数不能随意增减，每唱完两句时，都以固定的拟声调结尾。

汉调山歌为年轻人所喜爱，多以山歌表达爱慕之情。与汉调山歌相比，打歌调的表达范围更宽泛，年长的人唱打歌调，可以表

唱山歌

❶ 赛歌会

❷ 祝酒歌

达故友重见之喜，亦有感慨年华不再之叹；年轻人唱打歌调，则情感、生活、理想、事业，一一皆可拿来入歌；孩童唱打歌调，大多近于童谣，唱的是学习、游戏等。成年人在打歌中，常常也有赛歌之意，在歌调中暗暗赛智赛能。

传统的彝山打歌会都在晚上举行，在热闹的打歌会上，人们往往彻夜狂欢，直至天亮方才尽兴而散。此外，彝家人在火把节等重要传统节日及喜庆场合，往往也要打歌唱调，借以庆贺、助兴。打歌调也可以在劳作及平时的户外活动中吟唱，但其感染力与打歌场上配着音乐、舞步且歌且舞则不可同日而语。

山歌是彝家人生活中不落的音符。人们欢乐时唱山歌，伤怀时唱山歌，爱慕心上人用山歌表达，讽刺挖苦人以山歌取笑。高山流水，吟尽人生风景；老调新歌，唱尽生活真味。

大刀舞

漾濞彝族共有南部腊罗、西部聂苏（又称罗婺）、北部诺苏三个支系。漾濞彝族大刀舞源自南部腊罗打歌。

腊罗民间相传，在遥远的古代，彝家人的先民们受到了一个名叫“阿苏责”的部落的攻击。有一天晚上，彝家先民的首领带领的一支队伍在一座山上扎营过夜，被“阿苏责”部落的军队围困住

了。面对强敌，首领处变不惊，想出了退敌之策，他令部下在山顶烧起熊熊篝火，所有人手持火把，牵着战马，顺着山包围着篝火不停地转圈子，边转边舞刀耍火把，同时高声歌唱，不时同声高呼：“阿苏责，你瞧着。”山下的“阿苏责”围兵看到山头火光冲天，打着火把的兵马过了一队又一队，本以为应是胆战心惊的敌方竟是又唱又跳，一时弄不清虚实，又怕援兵赶到遭夹击，只好连夜退兵。彝家首领即令部下趁对方退却之机发起攻击，此时，闻讯赶来的援兵也恰好赶到，“阿苏责”的部队被一举击败。这一天恰好是农历六月二十四。战争结束后，彝家首领为纪念此次脱险得胜，便把这一天定为节日，并命名为火把节（现今漾濞火把节则在六月二十五日举行）。每年的这一天，都要按当时的退敌之法，燃篝火，舞刀，耍火把，围火，绕圈，歌唱，呼喊。这一活动成为彝族打歌之发端，而“阿苏责，你瞧着”则成为彝族打歌调中不变的衬词。

后来，打歌由火把节的专门庆祝活动逐渐延伸到彝族群众的各种庆祝以及节日活动中，在彝族地区广泛流传。腊罗打歌热情奔放、活泼欢乐，彝语称之为“阿克”，富有节奏感，具有强烈的艺术感染力。清朝乾嘉年间训古学家、邓川知州桂馥有诗《踏歌行》云：“一人横笛居中吹，和以芦笙声缕缕。四周旋转数十人，顿足踏地如击鼓。男子赤足披酒裆，女挂耳环一尺五。男歌女和余音长，垂手转肩身伛偻。笛笙律吕两脚谐，歌词不解何言语。”桂馥（1736—1805年），字未谷。此诗所写，正是两百多年前彝族打歌场景的真实写照，生动地再现了彝族打歌以笛、笙居中领歌舞，众人围圈踏歌、顿足踏地如鼓的热烈场

刀王

1

面。尤其是“垂手转肩身伛偻”一句，准确地表达了人们的舞姿以及忘我投入踏歌的情形，可谓生动之至。“歌词不解何言语”，自是因为彝族打歌唱的都是彝调，故而作者“不解何言语”。现如今，诗中所言“赤足披酒裆”及“耳环一尺五”已不复存在，而竹笛、芦笙依旧，两脚谐律不改。

漾濞彝族腊罗打歌以其独特的风格以及易学的特点，不止在腊罗地区，在全县各地、各民族中间亦广受欢迎、广为流传。其中，艺术感染力最强、流传面最广的首推鸡街打歌。鸡街地处昌宁、巍

山、永平三县交界地，既吸收了巍山五印打歌的热情奔放、清新明快的舞蹈和音乐特点，又融汇了昌宁“顺宁调”优美深情的唱腔优点，其最具特色的是打歌中伴以大刀舞，形成鸡街打歌的独特魅力和风格。一般的打歌为一人舞刀，特殊情况也有数人舞刀，动作有“背花”“面花”“骑马式”等，共18种刀法、36路、108式。舞刀当中，人刀相谐，舞步优美中带着气势，整场打歌由之生辉，愈显热烈豪放之美。所舞之刀，刀柄处系有响铃及彩穗，随舞步摇响、飞动。舞刀者在打歌圈子的最里面，绕火堆而舞，为整场打歌的灵魂与核心；外面为竹笛、芦笙，最外面是数十人，甚至上百人的打歌圈，火光熊熊，歌舞奔放，场面壮观，可震星月。一场热烈而持久的打歌，足以在地上踏起一层黄灰，腊罗打歌调中有“跳起黄灰做得药”之词，足见人们对打歌之热烈衷情。

传统的彝族大刀舞一般由男性表演。新中国成立后，随着民族文化的发展，产生了女性舞刀者，而且从传统的单刀舞发展到现在的群刀舞，在漾濞县境内鸡街乡、瓦厂乡、龙潭乡等地都有广泛的流传。作为一种独具特色的地方民族

❶ 鸡街吉村农历三月十九打歌会入场式

❷ 打歌会上的大刀对舞

热烈、雄浑的大刀舞

文化，漾濞彝族大刀舞目前已被列入云南省非物质文化遗产名录，漾濞鸡街彝族大刀舞的代表人物、年轻的小伙子吉用伟被列为省级非物质文化遗产漾濞彝族大刀舞的代表性传承人，曾经两次带着大刀舞队到北京演出，并亮相中央电视台《中国民歌》栏目。2015年11月1日，在庆祝漾濞彝族自治县成立30周年文艺演出中，由吉用伟领衔的数十人的彝族大刀舞表演，激情奔放，气势猎猎，震撼舞台，给现场观众以及观看电视直播的所有观众留下了深刻的印象，让外来的人们更加直观地感受到了漾濞彝族大刀舞的热烈、雄浑之美。

食之漾濞

味蕾上的记忆，是生命里最初的乡愁。漾濞卷粉、稀油粉烧饵饫、苦荞粑粑蘸蜂蜜、爬沙虫、烤全羊、漾濞香米……当所有这些美好的味觉记忆一点一滴印刻在舌尖，这片地域，便成了你一生走不出的乡愁。

马家卷粉

小城漾濞最负盛名的小吃，首数“马家卷粉”。

“马家卷粉”是当地人们叫的，原本的店名叫“回味佳”，在小城步行街的下段。店面不大，主体营业场所是店门外两张长方形的铁皮大桌。大桌上两扇大方箕，里面整齐地放满对折好的圆形卷粉，方箕旁边是裹卷粉的圆形木砧板，以及装在小桶里的作料。桌前两把大洋伞，遮着桌上的卷粉、作料和桌前的人。

卷粉可裹成卷吃，也可以切在碗里加热汤吃或凉吃，而马家卷粉的盛名，更多的来自于它裹成卷的滋味。这卷粉看着其实也没有什么秘密，裹卷粉的整个过程都在你眼前：将一张对折好的圆形卷粉在砧板上摊开，从对折处一划两半，

用调羹挑上作料：一匙花生酱，小半匙油辣子，半把酸腌菜，将每样作料均分在两半张卷粉上，再将两半张卷粉各自对折、抹开，将上面的作料抹匀。之后，将两半张卷粉分别卷起来，用刀切成段，装袋。一袋裹卷粉就这样在你面前完成了。热吃和凉吃的作料也就这些，不过是再加一点芫荽，热吃加上老豆米油辣子汤。

就是看上去如此简单的卷粉，滋味却是那样香美，除却漾濞，无觅他处。每一天，这马家卷粉的店里店外，客如流鲫。看过地方电视台对店主人的采访，这马家卷粉，一天总要卖出三五百张，许多时候还要更多。每年的清明郊游时节，小城的人们都喜欢裹了卷粉带去，人全都挤着，得久候方得两张卷粉。

便是许多外地客人来到漾濞时，也一定要裹两张马

马家卷粉

家卷粉带走。有一天清晨我去上班时，遇见一位在县政府办的同乡，左右手各提着一大袋裹卷粉，每袋里起码有 15 张，说是客人要。

稀油粉烧饵块

小城的另一摊名吃是农贸市场里的稀油粉烧饵块。漾濞人的习惯，把豆粉叫作油粉。真的是摊，也没有店面，两张小方桌拼在一起，旁边放着黑黑的长条凳。摊子主营稀油粉，油粉锅旁的地上有一个火炭盆，上面有一片烧烤网，一沓装

在袋子里的饵块放在锅旁的操作台上，谁要吃饵块就自己烤。饵块是新做的，甚至还带着微微的温热，丢到炭火上，两三分钟就烤好了，老板娘递了掺锅巴的稀油粉过来，你把烧好的饵块撕了放到里面，再去桌上挑上油辣子、花椒油、蒜油，那叫一个美味。

那个支在煤炉上装稀油粉的大铝锅，一锅想来足够盛它上百碗，一早上至少也要卖两锅吧。许多人挤不到板凳，就端着碗站着吃，大多数时候，这摊子不到十点便卖完收摊了。多年来，这稀油粉摊一直没有开店面，也没有增加桌子，就那两张旧旧的小方桌，想坐个位，你早点来。

清真小吃

小城的清真小吃也特别叫座。不知是因为牛肉的本味，还是因为牛肉杂酱和红烧牛肉里的小奥秘，每天清晨上班前的那段时间，大多数清真小吃店里都是一座难求。两三家清真小吃店即便挨在一

清真鸡肉米线

起，照样家家爆满。就在步行街马家卷粉的斜对面，有一对五六十岁的老夫妻摆了一个清真小吃摊，卖饵丝和手包豆沙馅汤圆，生意总是特别好。这手包豆沙馅汤圆他们是独家。有一次我在这里吃饵丝时，无意间听老板娘这样说起：“年纪大了，也不图挣这点钱了，只是，许多客人吃惯了，要来找的。”

漾濞小吃卤肉店

汉族小吃店里颇有名气的是漾濞小吃卤肉店，又叫“阿十一小吃店”，店老板的小名叫阿十一。喜欢吃汉族小吃的，即使上班不顺路，也会专门跑来吃这店里的饵丝。这店早上卖饵丝，下午卖卤肉，卤肉做得颇有特色，也有许多人专门来买。

老河西车站饭店的腌生炖豆腐

漾濞城下“老河西车站饭店”的腌生炖豆腐，依我的感觉，算得上是此店的一道招牌菜，豆腐嫩，腌生香，香辣滋味，拿来下饭最好。

所谓腌生，是将新鲜排骨、三线肉及猪肠用盐、酒、辣椒、花椒、生姜等多种作料进行腌制的一种特色食品。漾濞当地从城市到乡村的普通家庭多有制作，特别是乡村，在每年杀年猪时，人们用新鲜排骨等腌制腌生，在来年春夏农忙时节食用，既方便又

漾濞腌生

美味。

腌生的吃法有单炖、腌生炖豆腐、腌生炒蕨菜等。也可作为汤的原料，在里面煮上肉片以及各种素菜，香辣爽口，滋味鲜美。由于保鲜以及入味的需要，腌生中的盐一般比较重，为此，食用中单炖的情况比较少。

老河西车站是个旧地名，现在这里是一户人家，饭店就在自己家里经营。

杨中良家的红烧牛肉

老河西车站斜对面是一家清真回族饭店，也在家里经营。饭店多年来一直没有挂招牌，漾濞人按这户人家男主人的名字，称为“杨中良家”。

店虽没有挂招牌，这店的招牌菜红烧牛肉却名气颇大，但凡到这里来吃饭的人，大体总是冲着店里那一碗红烧牛肉来的，吃过的人是冲着那滋味，还没吃过的人是冲着那名气。当然了，没吃过的人等到吃过了，下回再来，就成了回头客。那一碗红烧牛肉的滋味，真是说不出的好。

这店里的几样素菜也可心，顺带一说。一是素黄瓜，配着自制的腌豆腐（大体是那腌豆腐好吧）；二是水炒洋芋丝，里面配了一点青椒丝，滋味也好；

红烧牛肉

三是稀油粉汤，作料有花椒面、油辣子、蒜泥，舀上一碗，挑上作料调调，好吃得很。

——想必是牛肉好，那相配的素菜便显出了贴心来。

金土塘的板栗炖红烧和铁板水晶粉

县城一侧皇庄坡下的“金土塘”，经营的也是清真食品。这里的菜色是清真食馆中的名家。我尤其喜欢的是这里的两道菜，一道是板栗炖红烧，另一道是铁板水晶粉。

板栗炖红烧是把板栗炖在红烧牛肉里面，板栗甜面，牛肉香浓。其间看不见的配料未可想知，那炖的火候，想来也是大师傅的秘密。

有得说的是这铁板水晶粉。我第一次吃到这东西的时候，见它比粉丝蓬松，却又比一般的粉条细致，制作的样子有点像炒饵丝的模样，里面放了韭菜、青绿的泡小米辣。另外，好像还有细细的肉末，整盘的颜色是那种放了适量酱油后的温暖色。这盘炒粉（姑且称为炒粉吧），我从吃过第一筷后就停不下来，一直吃，一直吃，一个人吃了大半盘。金土塘的下面是一道斜坡，那天晚饭我因为吃得太撑，差点没走下来。

到下一回又去时，我直接跑去厨间点那道菜，去了，才发现说不上菜名来。上回只顾得吃，也不知道问问。连比带划地，努力描绘了半天，好不容易，人家才弄清了我要的那东西。“哦，铁板水晶粉啊！”不用说，为着那一盘铁板水晶粉，我又吃撑了。

“金土塘”的腊味也好，尤其是腊鹅。每年入冬以后，这里内院的杆子上，一串一串挂满了撑开晾晒的鹅。

“金土塘”有一个池塘，四面围着栏杆、种着花草，池中养了许多锦鲤。这鱼冬天时来看最好。阳光暖暖的，人凭栏晒着太阳，看彩色的鱼们在浅水里游戏，时光温暖而安恬。

池的西角上有一株很大的仙人掌，能结又大又好的果子。池的东面有一座小拱桥，桥上是铁焊的亭架。不记得是哪个季节了，上面开满了橙色的炮仗花，一串一串地垂到桥上。从桥再过去，记得路边有一株不大的紫玉兰，大约是2月里吧，开出一朵一朵紫色的花来。

漾濞软米

漾濞软米，是一道乡愁。

据说一开始，这软米也是从外地引来的。引到漾濞，种到淮安、密场、马场坝子里，用苍山雪水一浇灌，这米便拥有了一种特有的、只有这方水土才养育得出的品质：香，软，

漾濞香软米

糯，甜。由此，这米被固称为漾濞香软米。

大多数，漾濞人是不吃外地米的。出差或旅游去到外面，总说吃不饱饭，不为别的，就为那碗米饭。每年秋天，淮安、密场和马场坝子里的新米收获上市的时节，常有许多工作生活在州府下关的人专门来漾濞买米。也有许多当地人，好中挑好地将软米买了，带给在外面的亲戚和朋友。

香软米在漾濞的任何一个土特产店里都有卖。用洁白的布口袋，包装成 20 斤或 40 斤的袋子。米都是上好的，店主们从市场上买来之后，又经过了精挑细选，一颗颗长粒米，饱满晶亮，散发着诱人的米香。这些米，它们被带到外地，被不同的人们煮出来摆到桌上，那一锅米饭的馨香，便让人闻见了漾濞这片土地上丰饶甜美的气息。

苦荞粑粑蘸蜂蜜

苦荞粑粑蘸蜂蜜

冷凉山区宜种荞。漾濞的双涧、富恒、苍山西镇以及其他乡镇的部分冷凉山区都有农人种荞。当地人们习惯称为荞麦。荞有甜荞和苦荞，漾濞当地多种苦荞。

荞麦的一种主要食用方式是做成粑粑。粑粑可在锅里炕，在蒸锅里蒸，或是埋在灶火中烧。灶火里烧的荞粑粑最香，但晾凉后也最硬。人们一般采用的是在锅里用文火慢炕。炕熟的苦荞粑粑在合适的温度下可保存十来天。

小城漾濞的街上，集日常有农人来卖一沓一沓炕好的苦荞粑粑，许多喜欢吃的人来买，省去自己做粑粑的麻烦。粑粑买回去，放在冰箱里，每顿在米饭上面蒸一块。或是当早餐和夜宵，蘸一碟蜂蜜，苦荞的清凉配着蜂蜜的甘甜。

小城漾濞的几家饭店，平日里常备着荞粑粑。一桌饭，在红红绿绿的各色菜肴间，端一盘炕后蒸热的带着淡淡绿色的荞粑粑上来，再搭一小碟乳白的老蜜，最是抢手。

光明农家的老黄瓜炖羊肉

老黄瓜炖羊肉，这菜讲究时令，别的不说，老黄瓜得秋天才有。据说，羊肉在秋天也是最好的。

漾濞光明核桃林里的农家做的老黄瓜炖羊肉最是好吃。不用说，羊肉是最鲜嫩的羊腿或是羊排，先在炒锅里炒过，将羊肉炒到

光明农家的老黄瓜炖羊肉

爬沙虫

肉色黄亮，溢出油汁，肉香跑出厨房而溢满庭院。之后，将肉换入炖锅，加水炖煮。火不要太大，慢慢炖着，晚饭要吃的羊肉，午后便开始炖上，慢慢炖两三个小时。黄瓜是那种老得变成了褐色、全身布满裂纹的老黄瓜，滚在地边箐头，专等着被人捡回来炖这羊肉。黄瓜抱回来，削皮，去瓤，切坨，放进羊肉锅里，之后重又盖上锅盖。晚饭时上桌，一大盆老黄瓜炖羊肉，汤色白而浓厚，肉香扑鼻而来，羊肉经了那老黄瓜，膻味几已去而不闻，唯余清新肉香。而炖烂的黄瓜经了肉香，入口清鲜软糯、甘饴美好。

自然，这老黄瓜炖羊肉，城里的饭店也能做，只是，光明核桃林里的农家炖出来，总要特别一些。若要去，在9月或10月去吃最好。

爬沙虫

秋天江上起雾的早晨，是翻爬沙虫的好时节。宽阔的漾濞江岸上，半潮的沙石间，随便翻起一块石头就有爬沙虫钻在底下。也弄不清为什么，没有石头的沙里往往没有爬沙虫，非得要是石头下面的沙里才有，并且，西瓜大到脸盆大的中等石头下面最多。小的爬沙虫颜色浅褐，越大的颜色越深。长足的爬沙虫大如手指，颜色灰黑，头甲刚硬，钳角尖锐，两排钳足行动迅速而有力，若是经验不够老道的人往往会被它头上的钳角夹到手。而惯于翻爬沙虫的熟手，背一个窄口的小竹篓，天亮即到江边，一上午能翻一满篓。

刚翻回来的爬沙虫需要在水里养几天，用油煎吃的时候才没有泥味。煎爬沙虫是一道美味，喝酒的人尤其喜欢拿它来下酒。另外，吃爬沙虫还可以治孩子夜尿，这事说不清原理，但确实有效。在村庄里，人们还会把爬沙虫腌成酢，记得是将爬沙虫在涨水里焯过，洗净晾干，拌上盐，拌上细苞谷面，在土罐里一层层压实，封口腌起来，类似于腌鱼酢的方法。

这爬沙虫的去来一直是一件神秘的事。秋天，江上起雾的时候，爬沙虫就出现在江岸潮湿的沙石间，并且，今天翻过的地方，明天同样还有，可谓是翻之不尽。过一个季节，进入冬天，爬沙虫就神秘地消失了，没有留下任何可寻的痕迹，直到第二年的秋天雾起，它们又重新出现在江岸的沙石间。另外，爬沙虫也不是各处都有，有人考证说，这爬沙虫只在漾濞江流域才有，在别的地方没有发现这种生物生存的痕迹。这事或许不能绝对，但爬沙虫不是哪里都有，这是肯定的。

烤全羊

漾濞人常以烤全羊款待贵宾。

羊是自然山水间放养的黑山羊，采山野之香料、草药置于羊腹之内，于炭火上慢慢烘烤四五个小时而成。羊肉烤出来，外皮酥脆而肉质鲜嫩，草药之香浸透骨肉，不闻羊膻，只闻羊肉之香。

大自然之佳美馈赠，不敢怠慢。羊的头蹄及内脏要煮成羊汤锅，久炖而至香浓的羊汤，放入碧绿的薄荷，撒入糊辣椒和花椒，麻辣、鲜美。烤煮相配，相得益彰。

漾濞境内，石门关外的各家山庄，光明核桃园中的各家农家

烤全羊

乐，秀岭梨园的山庄，以及苍山西坡大花园的官房坪农家乐，各处都有烤全羊。

就等着花开、等着叶绿、等着果熟。等着，那一席久等而未至的客人。

腊火腿炒芭蕉花瓣

我在石门关外的一家农家山庄里吃过一道菜：腊火腿炒芭蕉花瓣。

一开始没吃出来，不知道那黑色薄片是什么东西，经人介绍，才知道是芭蕉花瓣。芭蕉花瓣原本就是紫色，说是经水焯后晾干，要吃时再泡醒，之后沥水细切，炒出来，便是盘中那黑色的样子。能想得出来，芭蕉的花瓣原是极苦涩的，但经了这种种工序，又用火腿片炒出来，涩味已全部去除，唯余被腊火腿浸染出的清香。

就吃过一次，但一直记着。

叹这店家想得出来。

赶马鸡：见证时光的缓慢温情

我在家里招待朋友的保留菜色是一锅赶马鸡。

赶马鸡，据说起始是一道马帮菜。制作方法简便：将鸡杀后砍好，切一些腊三线肉在锅里炒，待腊三线肉炒出油来，倒入鸡肉，放盐，翻炒，炒 10—20 分钟，至鸡肉炒黄，爆出声响为止，之后加水炖煮。加水的数量需一次计划好，一要能把鸡肉煮透，二要保证到时有适量的汤。煮的中间不可再添水，否则汤味会变淡。还要强调的是，一锅赶马鸡，若是没有用腊三线肉来炒，便出不来那特有的香。

赶马鸡

煮赶马鸡需要的是时间，为此，我约朋友常在休息天的下午。煮一锅赶马鸡的过程，是一个缓慢和温暖的等待的过程。当中两个小时，甚至更多的时间，手上慢慢准备着其他的小菜，当中再收拾一下零碎家务。锅里鸡汤的香味四处弥漫，楼下院子里的日影缓缓地一点点西斜。

各样小菜都已准备好。锅里的鸡汤渐渐落向最合适的位置。

就等着那一声敲门声，在这缓慢和温情的时光里，轻轻响起。

后记

很显然，一本10万字的书，它还远远不足以全面地写到漾濞这片土地数千年厚重的历史和灿烂多姿的文化。在《文化大理·漾濞》这本书里，我们所勉力完成的，只是对这片地域上重要和突出的历史文化的一次草串。

根据“文化大理”丛书编委会对这套丛书的总体定位以及具体编写要求，漾濞卷在内容上共编排为三个部分。第一部分为《漾江濞水千年城》，里面涉及了漾濞苍山古崖画、古西南丝绸之路、漾濞古城、“唐标铁柱”往事，蒙嶲诏（样备诏）的百年历史，清末民初的漾濞田氏三将军，千里滇缅第一桥等多个重大历史文化点，涵盖了漾濞这片土地上数千年来各项重大历史文化的点和面。第二部分为《核桃之乡，云上漾濞》，当中较为详细地阐述了漾濞核桃在这片土地上悠久的生长和种植历史，以及漾濞作为中国核桃原产地和中国核桃之乡的历史和文化支撑。从文化的视角，讲述这片土地上的人们长久以来与核桃相依相存的深切情感，以及在这片土地上与自然相融为一体的生活状态。第三部分为《彝山彝水》，漾濞是彝族自治县，境内生活着以彝族为主体的17个民族，长久以来，境内各民族团结和谐、共生共荣，创造了以彝族文化为主体、各民族文化共同繁荣发展的多元民族文化。在这个部分里，主要介绍了漾濞各民族的传统节日、彝族刺绣、打歌、大刀舞，以及漾濞的特色传统美食。按照丛书的编辑体例，全书以图文并茂的形式，对以上三个板块的内容进行了生动解读和展示，让人们从中更具体、更直观地了解漾濞，品味漾濞。

《文化大理·漾濞》是一次对漾濞历史和文化的圈点式的勾画，唯其如此，便越发考量编委会对文化漾濞的认识高度和编辑水平。可以确定的是，漾濞卷编委会为写好、编好这本书做出了最大的努力，全书从文字到图片都做到了好中挑好、优中挑优，力求把最具历史美感以及最具文化气息的漾濞展现给外界、展现给读者。

一片有文化的土地，它将绵远流长，生生不息。

《文化大理·漾濞》编委会